おことわり

当書は東洋で長年用いられている情報や手法について書かれています。提供されている情報は、著者の知っている最良の知識および経験であり、絶対的な有効性を表しているわけではありません。有益になるか有害になるかは、使う人の理解と習得度によります。読者が実際に行って得られた結果は、すべて読者の責任になります。本書で提供された内容を実行する場合は、読者の自己責任の上で行うようにしてください。著作者、配給者および翻訳者は、本書によって生じた損失、損害に対する責任は一切負いませんのでご了承ください。

著者、翻訳者について

ラリーサング老師（Master Larry Sang）はアメリカ風水研究所（AFSI）創立者であり、風水分野における最も影響を与えた世界五大風水師の一人として知られています。

老師のアドバイスは米フォーチュン500や政府機関を始め、HSBC銀行、グアム国際空港、海南島、香港エンターテイメント業界、など幅広く、また世界最大の墓地など陰宅風水師としても世界的に有名です。

1991年AFSI設立後、数多くの受講生が研究所から世界各国に巣立っております。

清水瑛紀子は1990年代よりAFSIで学び、中国伝統風水、紫微斗数占星術、人相手相、択日などの中国五術を教えています。風水コンサルタントとして、日米東南アジアにて数多くのクライアントを持ち、講座だけでなく、風水と運勢分析学を通じて様々なアドバイスを提供しています。

著者　まえがき

本書、The Principle of Feng Shui (和訳：『風水の教科書』) を出版するきっかけとなったのはアメリカ風水研究所の受講生達のお蔭です。講座を通じて彼らから入門書の必要性を問われ、本の執筆を思い立ちました。ですから、本書には長年編集・改正し続けてきた授業の内容があちらこちらにちりばめられており、正統派伝統風水の入門書として誕生しました。

本書の和訳ができたことは大変喜ばしく、一人でも多くの日本の皆様に中国伝統風水が何であるかを知っていただければ嬉しく存じます。この翻訳は、本研究所インストラクターとして活躍している清水瑛紀子氏の惜しみない努力なしには完成できませんでした。改めて感謝の意を表します。

また常に私を支え、この仕事に深い理解を示してくれる妻サリーナには大変感謝しています。私の自由気侭に行動してしまう気質に加え、地道な努力が嫌いで、遅れがちな傾向にあった執筆が晴れて出版にこぎつけられたのも、彼女の変わらぬ励ましがあったからです。

本書を出版するにあたり、多くのコメントやアドバイスを友人・知人からいただけたことに、この場を借りて心より感謝申し上げます。

Master Larry Sang

翻訳者　まえがき

曽希老師の The Principle of Feng Shui の翻訳にあたり、講座で学んだ内容を適切な日本語で説明することが、如何に大変な仕事であるかを痛感しています。講座内で用いられた言葉はメインの英語だけでなく、中国語もかなりあり、それらを正しい日本語に訳すことや簡易な言葉で表現することは大変な作業でした。

私がアメリカ風水研究所で学び始めて 20 数年、人生の半分以上を過ごした海外から日本へ帰国しました。同時に本業だった IT 業界を退き、現在では風水や紫微斗数占星術、択日、人相手相など中国占術を教えています。延 10000 人以上の受講生をアメリカと日本で指導してきました。

風水は非常に奥深い学問です。玉葱の皮を剥くように、いくつもの層があり、学べば学ぶほどその奥深い英知に驚かされ、興味は尽きません。正統派の中国伝統風水はまだ広く知られていませんが、この本により中国伝統風水とは何であるか、読者の皆様に少しでもご理解いただければ翻訳者として最上の喜びです。また風水を学ぶことで、皆様の生活が少しでも向上できれば幸いです。

この度、アメリカで出版された『風水必読』を日本でも上梓する機会があり、原本に加筆修正した箇所がありますが、内容には大きな違いはありません。

2023 年　清水瑛紀子

目次

人は天と地の中心であるがゆえ、己の運命は己で定めることができる
易は吉や凶の変化であるがゆえ、その結果は予測できる

曽布老師　書

前章

風水、中国算術システムは数千年に亘る観察を経て、学者達によって発展してきました。風水は人間が作った環境と調和を図る方法であり、時間と空間の計算に基づいています。加えて、古代天文学、地形学、環境学、電磁波や物理学などが結合したサイエンスといわれています。世間一般で信じられている宗教や迷信では決してありません。近代科学が風水を複雑な数学システムであると証明しています。

この本で説明するのは、2大風水といわれている以下のものです。

> 八宅明鏡（Ba Chai Mirror）
> 沈氏玄空（Shum's Shyuan K'ung Teaching）

昨今、西洋でも風水は人々の間に認識され、特に自然環境や人工的に造られた環境でその必要性が高まってきています。しかし、風水が人々の間で広まるにつれて、誤解や誤用が生じています。かろうじて少数の知識ある人々が風水の普及を支えているのが現状です。本物の風水師は長年の学習、師弟関係での伝承、そして実践から知識を習得しています。風水が今日の現代社会にとって価値あるものであると同時に、読者の皆様がこの本から正しい知識を得られることを願ってやみません。

初めて風水を学ばれる読者にとっては、この本は風水の理論を学ぶ上で必要不可欠のガイドブックになっており、基本の八卦から上級の計算分析まで網羅されています。著者は実際の鑑定事例などを通じて、理論がどのように当てはまるのかを説明しております。

この本は宇宙の法則や秩序、自然の力を知ることで富、健康、感情など生活を取り巻く環境とうまく調和することを目的として書かれています。

風水の概念

第一章

風水

「勘輿（かんゆ）」とは、「頭を上げて天（空）を観察し、頭を下げて周囲の環境を観察すること」であり、古代で使用されていた風水という言葉の語源です。風水は自然科学であり、中国五術では不可欠な要素である環境として、理論化されています。風水とは、その名が示すとおり風と水を意味し、西洋では中国地相学として知られています。

風水は太陽系惑星の軌道（天）、住んでいる環境（地）、住人の誕生年（人）の相互作用が基本となっており、生活や仕事場の吉凶方位を算術によって表すユニークなシステムとして知られています。数千年に及ぶ地道な実践鑑定と規則を観察し続けてきた結果、風水は完全なシステムとして証明されました。

```
氣： 乘風則散
    界水則止
```

「氣」は**風**に乗ずれば散じ
水に隔てられれば即ち止まる

「宇宙のすべての存在（万物）は自然の法則によって管理されている」という文は、疑う余地のない格言です。氣は風水のもっとも重要な役割を果たし、それはエネルギーであり、流れであり、自然界の磁場であったりします。我々の身体でいうと、氣は呼吸に例えられます。生存のメカニズム、生命の力ともいえます。氣は風水で重要な概念であり、我々の生活環境に様々な形で影響を及ぼしています。風水を適切な方法で用いることにより、仕事での飛躍や繁栄だけにとどまらず、健康も高めたりすることができるのです。

しかし時間、空間、天氣などは悪影響を課すこともあり、環境や生活のアンバランスをきたします。古代の風水学者や風水師たちは、自然

の力を中和するある一定の法則を見出しました。それは陰陽理論であり、五行（木・火・土・金・水）、相生サイクル、相剋サイクルの法則、そして氣の概念を組み合わせたものです。五行の化学反応や氣、時間、空間などの相互関係は、生活に直接的または間接的に影響を及ぼしています。その効果はすぐに表れたり、時間がかかったりします。

惑星は時間や動きを支配し、地球上の自然や全ての生命に影響を与えます。例えば、山の近くに住む人々は、海の近くに住む人々よりも難しい気質の傾向があります。概して、山に住む人は慈悲深く、親切ですが頑固な気質があり、海辺の人は聡明で順応性があり敏活です。また、電磁波を発する工場の近くに住む人々は、悪性の病気に罹りやすいことが明らかになっています。最近のレポートでは異なった磁場が人間の遺伝子、神経システム、そして遺伝に与える影響があることが説明されています。これらは風水の科学的な基礎知識です。

風水の歴史

風水の歴史は 2000 年以上も前に遡ります。紀元 25 年の東漢王朝時代に、風水に関する印刷物と教本が発見されています。春秋時代（紀元前 770 年から 475 年）では陰陽理論が広まり、盛期を迎えました。陰陽理論を基礎とした風水は、この時期に確立されたものといわれております。

風水の基盤作りに貢献した多くの学者や風水師たちがいましたが、中でも唐・宋王朝時代に活躍した次の 4 名の風水師が特に有名です。

　　　楊　均松
　　　曾　文汕
　　　廖　　瑀
　　　賴　俊文

特に楊氏は今日の風水師たちに崇敬されており、大きな功績を残した人物といえます。

黄巣作乱時代（紀元前907年）、天文学者であり気象学者、皇帝のお抱え風水師であった楊氏は、他にとって代えられないほどの価値がある風水の書物を持ち出し皇城から逃げ、江西省北西の狭間にある山奥の村に雲隠れしました。その地で彼は多くの貧困にあえぐ村人を、風水によって救ったのです。このことから、彼は楊救貧（Yang, Save the Poor）と呼ばれ、その貢献以外にも長く秘儀とされていた風水を平民たちに広めたことでも有名な人物です。

なぜ風水は古代中国で広まらなかったのか

風水には陰宅風水と陽宅風水があります。陰宅風水とは「故人の家（墓）」であり、陽宅は「生きている人が住む家」です。陰宅風水の好ましい埋葬地は、子孫の繁栄や運勢、権力に結びつきます。陽宅風水でも同様に適用され、この家のことを旺山旺水（Wang Shan Wang Shui）と呼び、お金も人も良い家です。

古代中国で風水は皇帝、貴族、特権階級である支配者たちの富や権力を堅固なものにする奥儀でした。それ故、風水について書かれてある書物は平民の目に触れることはなかったのです。万が一、発見された本はすべて没収されました。経験ある風水師はエリートたちに雇われ、充分な報酬が支払われました。その反面、異議を唱える者たちは容赦なく罰せられ、殺されていたのです。そのため、風水は特権階級の一部だけで利用され、平民の間にはその存在は知られていませんでした。風水は奥儀とされていたので日の目を見ることはなかったのです。風水は先祖代々、家法として伝承されてきたのです。

外部者の中にも厳しい基準を満した者だけが弟子として選ばれましたが、一度師弟関係を結んだ以上、忍耐強く謙虚な態度で生涯におい

て、師に忠実であることが課されていました。その教えは書物に記す事を禁じられ、口承として伝えられてきました。理論は詩の形で記述され、弟子たちはそれを暗唱によって学んでいたのです。

今日の風水

風水が海外で知られるようになるにつれ、人々の興味はとどまることを知りません。オーストラリア、アメリカ、カナダなどの国が中国移民を受け入れるに従い、そのブームは広がりを見せています。

風水はいつの世も中国人にとっては魅惑の対象であり、風水によって生活が改善されたとか、繁栄がもたらされたなど民間伝承が人々の間で伝えられています。中国の多くの家庭では、鏡や風鈴が壁やドアに装飾されていたり、オフィスや家が風水師の指示で一新されていることもあります。中国人にとって風水は日常会話で使われており、日々の生活に深く関わっています。

風水が人々の間に広まるに従い、風水の基本概念は誤解されてきています。事実、基本だけしか理解していない風水師への苦情が少なくありません。風水とは相容れない要素や独自のアイデアを混ぜ合わせ、基本理論を歪めています。彼らのいう風水ではレメディ(改善法)に鏡や風鈴などが使われていますが、自然科学を考えた場合、これらはあまりにも容易すぎる解決法です。このことが風水と宗教を結びつけ、誤解される要因になっているのかもしれません。--

風水の基本

風水は2000年以上の観察や実践を通じて得られた、6つの科学理論と原則から成り立っています。すべてのサイエンスにいえることですが、基本をよく理解することが不可欠です。風水師を目指す方にとっ

て、下記の 6 つは特に重要です。

1）陰陽理論
2）五行
3）八卦
4）方位（東西命理論）
5）太陽系システム（玄空システム）
6）環境

陰 陽 原 理

陰 陽

第 二 章

陰陽 － 二つの主要なエネルギー

易経では、陰陽は宇宙に存在する対極している二つのものとして図解されています。我々は常に変化している世界に住んでいます。この移り変わりは永遠に不滅であり、変化は宇宙の法則の基本です。その世界は植物や人間、そして他の生き物の誕生から死に至るまでの場でもあるのです。季節は暑い夏から寒い冬へと変化します。これらの繰り返される終わりのない変化は、宇宙の二つの主要なエネルギーとして表され、一般的に陰陽説として引用されています。

太極

図　2－1

陰陽とその属性

陰

黒
死
冬
冷たい
女性
受動
夜

陽

白
生
夏
熱い
男性
能動
昼

太極(Tai Chi:図2-1を参照)は陰陽説における宇宙のシンボルです。
サイクルは高い活動性と永遠の動きを示しています。そこには始まり
も終りもありません。陰（黒）と陽（白）はS字カーブを軸として二
つに分かれています。このカーブは絶対的なものは何もないことを指
しています。これは

久　動　必　静

長時間の活動（陽）の後には、静けさ（陰）が続き

久　静　必　動

長い静止は、いつも可動の結果である

Sカーブは陰と陽の調和の取れた力関係の相互作用と同じく、宇宙の
活動と永久に変わりゆく法則と秩序の反映を表しています。夏の暑さ
（白）で考えると、暑さがピークを迎えた後には冬の冷たさ（黒）へ
変わります。また昼から夜へ移り変わるのも同じことです。陽の中に
ある小さな黒い丸と、陰の中の小さな白い丸は陰陽のバランスを示し
ています。陽の中には常に陰があり、陰の中には常に陽があります。
それぞれの力は異なり固有のものですが、分離することはできません。
これは陰陽をコインの裏表と同じであると考えていただければ理解
いただけるでしょう。つまり、片方なしには存在できないものです。
女性がいなければ男性は存在できませんし、熱さを知らずに冷たさも
わかりません。反するものは常にお互いに相互作用し合っています。
私たちの体は、陰と陽のバランスが取れていれば健康体でいられます。
生活の場にも陰陽のバランスが取られていることが、良い風水の鍵と
いえるでしょう。

宇宙の不変の規則は例え複雑に見えていたとしても、この二極のエネルギーである陰陽の相互作用なのです。西洋では中国の陰陽の概念は、あいまいであり不可解なものとして受け止められていますが、陰陽理論は科学の局面から分析され説明することができます。

さて、陰と陽とは一体何なのでしょうか？　陰の性質は冷たさとか受動的であること、陽は熱さとか能動的であることを図2−2と図2−3で簡単に説明しています。物理学の見地では陰は内部へ引く力であり、陽は外部へ押す力となります。陰は冷で冷たいものはしばしば収縮する性質を持ち、陽は熱で熱いものは一般に膨張する傾向にあります。このことからも陰陽理論と現代物理学は同じ理論であることがわかります。

風水では陰陽を大変重要視します。例えば、過度に明るい場所に住んでいれば頭痛になりやすく怒りっぽい気質で、感情的になりやすい傾向にあります。逆に大変暗い場所にいると、落ち込みやすく否定的で疲れやすくなるでしょう。最初の例は極端な陽、次の例では極端な陰を表しており、両方とも陰陽バランスが崩れている状態になります。

数年前、友人からの依頼で香港島の中腹に住むある女性の家を鑑定する機会がありました。彼女は原因不明の頭痛に悩まされ数々の医者に通っていましたが、誰一人彼女の病気を治せる者がいなく、最終的に風水に助けを求めたのでした。彼女のマンションはお金持ちが多く住む上流階級の住居地区にあり、香港島を見渡せる高層マンションの11 階でした。リビングルームと寝室の二部屋には天井から床まで届く大きな窓があり、そこから香港島の素晴し眺めが一望できました。この両部屋は、朝8時から夕暮れ前まで熱い太陽光線によって光り輝いているようでした。特に夏は顕著です。経験ある風水師であれば、

彼女の住居を一目見ただけで頭痛の原因がわかるはずです。私は彼女に次のようにアドバイスを与えました。まず太陽の光を中和させるために暗い色のカーテンで窓を覆うこと、そして寝室に配する 2 と 5 の数字（＊）のレメディ（改善法）として、振り子の部分が金属である時計を置くことです（第六章、玄空システムを参照）。前述の問題以外に、彼女の住いは旺山旺水という人とお金に大変良い家でした。数日後その女性から、常備薬として飲んでいた薬なしでも全く頭痛がなくなったとの連絡がありました。これは極端な陽によって陰陽バランスが崩れてしまった例です。

（＊）エネルギーを数字で表す玄空飛星

五　行

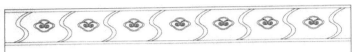

五行

第　三　章

五行

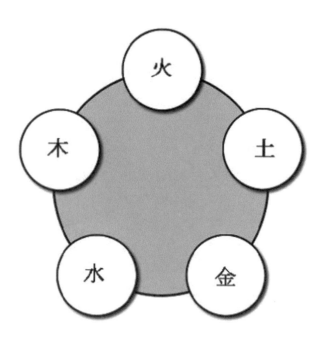

図 3−1

陰陽理論　その2

風水の五行とその役割について説明する前に再度、太極と陰陽理論について復習しましょう。太極（たいきょく）はこの世の万物の存在を図解しており、陰陽はそれが進化したものです。五行はその進化の最中に生じた相互関係です。

太極

図3−2

今日、科学者たちの研究開発では陰と陽に分ける傾向にありますが、万物の発達や成長、生育を説明する上で容易だからです。実際には、万物を陰陽に分けることは不可能です。この理論は科学者と哲学者の間では議論の対象となります。科学者はあらゆる事象や万物をグループやカテゴリーに分類しがちですが、哲学者は自然の現象を長い期間かけて観察します。科学者は短時間で狭い空間で観察する傾向にありますが、哲学者は広範囲な眺望を考慮に入れ、全てのものは関連していると仮説を立てます。

風水の基礎理論は、哲学・論理・科学など方法論を記述している易経

という書物が発祥です。易経の太極や陰陽理論では、万物は相互に作用しあっているのです。

同中有異　異中有同

類似性の中には変化があり
変化の中には類似性がある

常中有變　變中有常

一貫性の中には変化があり
変化の中には一貫性がある

凶中有吉　吉中有凶

不運の裏には幸運が存在し
幸運の影には不運が隠れている

つまり、陽の中には陰があり、陰の中には陽があるということです。宇宙を表す太極図では、陰陽理論がすべてを覆い、かつ包含していることがわかるでしょうか。次のような諺があります。

> ## 孤陰不生　獨陽不長

陰だけでは成長が見られず
陽だけでは繁栄することなし

例えば、左と右が共存しています。もし左が存在しなれば、右も存在しません。これは左が右であり、右が左であることを裏付けしています。太極の陰と陽を分けることは仮説でしかありません。科学の中で仮説を立てることには限りがあります。

五行とは

五行は氣が形を変えて表されたもの、そして相互に関わり発展します。相互に対立・依存しながら絶えず変化している陰陽に加え、他の相関関係があり、次のように表されます。

方位：　東、南、西、北、中央
感情：　楽しみ、嫌悪、悲しみ、恐れ、怒り
母音：　あ、い、う、え、お

万物の相互作用をより判りやすく分析する方法として、中国では木・火・土・金・水という五つから構成される五行（Wu Hsing）理論を見つけました。宇宙の万物は五行の相互作用に影響を受けています。この相互作用は系統立てられており規則的です。それらは予測することができ、自然の環境の根源となります。

五　行

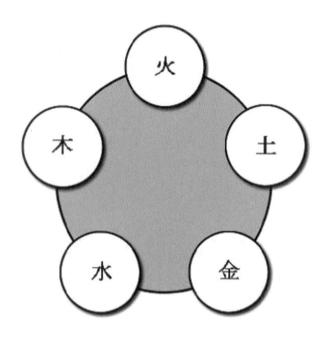

図　3-3

この五行の周期的な相互作用は、宇宙のすべての物質および存在の相互関係を説明するのに役立ちます。このエネルギーの相互作用とは、相生サイクル（Productive Cycle）、相剋サイクル（Domination Cycle）、相洩サイクル（Reductive Cycle）です。(図3-4, 図3-5, 図3-6を参照)

相 生 サ イ ク ル
(Productive Cycle)

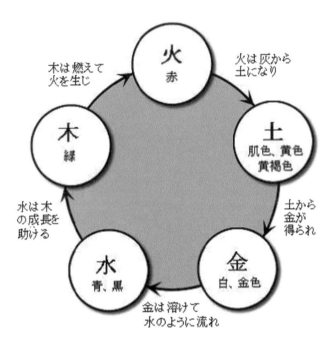

図　3-4

相生サイクルは、釣り合いのとれたサイクルです。このサイクルの各元素は次に続く元素を生じます。つまり木は燃えて火を生じ、火は灰から土に還り、土から金（金属）が得られ、金（金属）は溶けて水のように流れ、水は木の成長を助けるということになります。

相 剋 サ イ ク ル
（Domination Cycle）

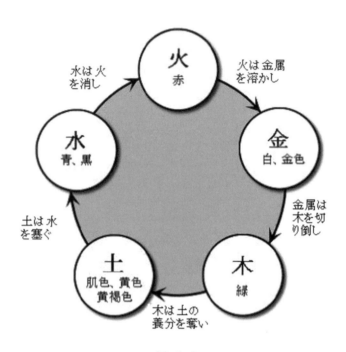

図　3−5

相剋サイクルは、各元素は次に続く元素を剋します。バランスのくずれたサイクルです。火は金（金属）を溶かし、金（金属）は木を突刺し、木は土の栄養を奪い、土は水をせき止め、そして水は火を消すということです。

相 洩 サ イ ク ル
(Reductive Cycle)

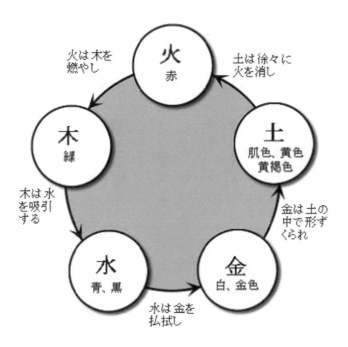

図　3-6

相洩サイクルは五行の理論ではほとんど説明されていませんが、風水のレメディ（改善法）として使われます。相剋であるアンバランスな状態を元通りにする役目です。つまり、土は火を徐々に消し、火は木を燃やし、木は水を吸収し、水は金（金属）を腐食し、金（金属）は土を弱めるということを意味しています。相洩はアンバランスを正し、不利な関係を弱め、好ましい相生関係に戻すことができるのです。

五行とその属性

五行	方位	色	季節
金	西、北西	白、金	秋
水	北	黒、青	冬
木	東、南東	緑	春
火	南	赤	夏
土	北東、南西、中央	肌色、黄色	小春日和

表　3−1

五行の使用方法

相剋関係を弱めるには、五行そのもの、もしくは五行を表す色をレメディ（改善法）として使用します。五行そのものを使う方が、色よりも効果的です。

金
金属（真鍮、鉄など）でできた装飾品や金の彫刻、白や金といった金を表す色

水
水槽や循環しているきれいな水（テーブル・ファウンテンなど）、黒や青といった水を表す色

木
木や観葉植物、緑などグリーン系の色

火
燃えている暖炉や赤色の嵩のランプ、赤など火を表す色

土
石・土でできている彫刻や粘土像、肌色や黄色など土を表す色

レメディ（改善法）が必要な場所に色を使用する場合、絨毯や家具、装飾品などにその色を取り入れると良いでしょう。五行の色は一色のみ、混ざり合った色やあいまいな色は効果的ではありません。

レメディ(改善法)

相剋サイクルで使用するレメディ（改善法）は、イタリック体で書かれた五行になります。

1)　金（金属）が木を剋している場合、「水」によって金（金属）を腐食させ、同時に木に栄養を与えます。火は金（金属）を溶かすので、どうして火を用いらないのかと疑問に思う方がいるかもしれません。火は金（金属）を剋しますが、同様に木を弱めてしまいます。火は極端に剋してしまうので、使用しません。

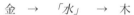

金　→　「水」　→　木

写真　3-1

上の写真のように、水槽の水は常に循環し清潔に保たれているのが好ましいレメディ（改善法）です。

2)　水が火を剋している場合、「木」が必要です。木は水を弱めると同時に火を生じます。

$$水 \quad \rightarrow \quad 「木」 \quad \rightarrow \quad 火$$

写真　3-2

生き生きとした鉢植えの観葉植物が良い例です。木の家具は、既に生気がなく加工されていることから、風水では木のレメディ（改善法）としては使用しません。

3)　　木が土を剋している場合、「火」を使うことにより木は弱まり、土は剋されている関係を回避できます。金（金属）は木を剋すと同時に、土を弱めてしまうため使用しません。

木　→　「火」　→　土

写真　3-3

赤いシェード（笠）のランプ（24 時間点灯している状態が効果的）や赤い色の絨毯が火の五行です。実際の火は危険ですので用いません。上記の写真はキャンドルです。火が灯っている場合、火の五行を表す良い例になります。

4)　火が金（金属）を剋している場合、「土」がアンバランスを是正します。土は火を消し、土は金（金属）を生じます。

火　→　「土」　→　金

写真　3−4

土でできているもの、例えば、花瓶・陶磁器・つぼ・石像などは土の五行を表す良い例です。

5) 土は水の流れを塞き止めます。「金」（金属）が土を弱め、水を強めることで水が土に剋されている関係を助けます。

土　→　「金」　→　水

写真　3-5

金（金属）でできた装飾品や彫刻品などがレメディ（改善法）として使用されます。動く金（金属）やメタリックな音を出す振り子時計などが使用されることもあります。

	相生関係	相剋関係	レメディ
水と土		○	金
火と水		○	木
木と金		○	水
金と木		○	水
木と水	○		なし
火と木	○		なし
水と金	○		なし
金と火		○	土
火と土	○		なし
土と木		○	火

表3－2

備考：
相洩はレメディ（改善法）を判断する手段として用いられます。二つ
の要素（五行）の関係は、相生関係もしくは相剋関係のどちらかです。

真の幸福を得るためには、資産を増やすことを目的にするのではなく、
欲求を減らすことである

曽布老師　書

八　卦

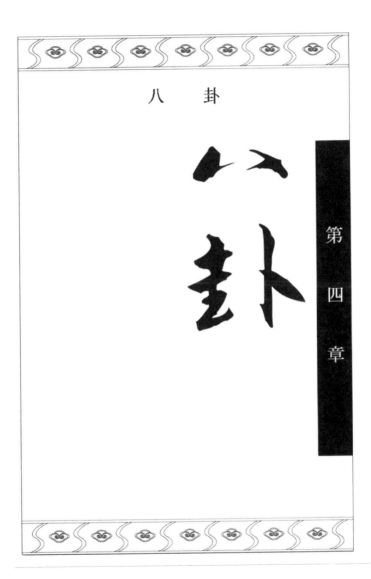

第四章

八卦（Ba Gua）

太極のシンボルは、次の図のように簡易化できます。

図　4−1

陰は破線（爻）で表されます。▪▪

陽は実線（爻）で表されます。▬

図4−1で示す太極は複雑なシンボルとなり、八卦（Ba Gua）へと発展します。各爻（こう）は下から数えていきます。一番下（一番目）の爻が地、真ん中（二番目）の爻が人、そして一番上（三番目）の爻が天を表しています。次ページから説明する八卦には属する家族関係、方位、宇宙の現象、五行、身体の部分、病気、数字（九星）があります。

三番目　▬　天
二番目　▬　人
一番目　▬　地

坤　卦

象徴：	地
人物：	母、妻、中年女性
方位：	南西
五行：	土
色：	黄褐色、茶色
身体：	腹部、胃
病気：	消化器系、生殖器系
数字：	2

震　卦

象徴：　　　雷

人物：　　　長男

方位：　　　東

五行：　　　木（固い）

色：　　　　緑

身体：　　　足、喉

病気：　　　ヒステリー、痙攣

数字：　　　3

坎　卦

象徴：	水
人物：	次男、中年男性
方位：	北
五行：	水
色：	青、黒
身体：	耳、血、腎臓
病気：	耳痛、腎臓
数字：	1

艮　卦

象徴：	山
人物：	三男（末の息子）、若者
方位：	北東
五行：	土
色：	黄褐色、黄色
身体：	手、指
病気：	関節炎、骨折
数字：	8

乾　卦

象徴：　　　天
人物：　　　父、夫、オーナー、社長
方位：　　　北西
五行：　　　金（固い）
色：　　　　ハードメタル
身体：　　　頭、肺
病気：　　　頭痛、肺疾患
数字：　　　6

巽　卦

象徴：	風
人物：	長女、旅人
方位：	南東
五行：	木（柔かい）
色：	緑
身体：	尻、太腿
病気：	風邪、リュウマチ
数字：	4

離　卦

象徴：	火
人物：	次女、中年女性
方位：	南
五行：	火
色：	赤
身体：	目、心臓
病気：	目、心臓疾患
数字：	9

兌　卦

象徴：	沢
人物：	三女（末の娘）、少女
方位：	西
五行：	金（柔かい）
色：	ゴールド
身体：	口、歯、胸
病気：	口、胸部疾患
数字：	7

八卦グリッド（八卦宮）

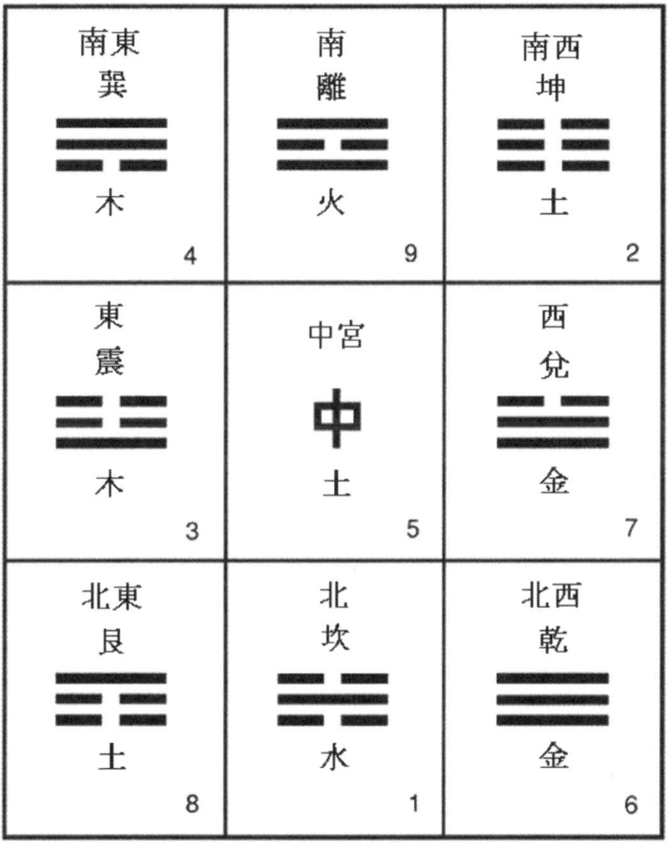

南東 巽 ☴ 木 4	南 離 ☲ 火 9	南西 坤 ☷ 土 2
東 震 ☳ 木 3	中宮 中 土 5	西 兌 ☱ 金 7
北東 艮 ☶ 土 8	北 坎 ☵ 水 1	北西 乾 ☰ 金 6

図　4－2

実地鑑定

風水師になるには、まず八卦に関係するすべての知識を頭に入れ、必要な時に直ぐに活用できなければなりません。

1986年、私は南カルフォルニアにある中華街のあるレストランへ鑑定に出掛けました。鑑定の結果、台所のガスレンジ（コンロ）の位置が大変悪い場所にあることに気づいたので、レストランのオーナーにそのレンジを使用しないこと、また配置変えを行うようにアドバイスしました。彼は、そのまま使用すればどのような結果になるのか知りたがっており、そのままの状態であれば墓を意味し、オーナーに災いが降りかかるだろうということを話しました。後にレストランは火事に見舞われ、屋根裏部屋にいた彼は重症の火傷で亡くなったと聞きました。

そのレストランのガスレンジの位置は、風水の重大なルールの一つである「火焼天門」（火は天の門を燃やす）の位置にありました。これは何を意味するかというと、乾は天とオーナーを表し、五行は金です。火と金の関係は相剋関係です。レストランの台所で使う火は、燃え続けており特に強烈です。火は乾の金を燃やし、その建物にいるオーナーに危害が加わるのです。

また乾の位置に台所また料理用レンジがある場合、そこの家の子供は乱暴で親のいうことを聞かないことが少なくありません。これは私の長年の経験から証明されています。紫白（玄空）飛星の鑑定で、乾に2と5の数字が飛箔したならば、家の主人に何か災いが起こることも考えられます。

風水の鑑定には八卦に関する属性、方位、象徴、五行、これらの相互

関係などのすべての情報を頭に入れておかねばなりません。この乾の
例からは、乾に関する様々な情報を説明することができます。

1990 年　曽希老師　描

方位　（東西命理論）

第五章

風水鑑定における重要な方位

初心者による風水鑑定では、東西命理論が理解できることが最低の条件です。東西命理論では八つの磁場また氣のタイプがあり、これらは中国で最もよく知られている八宅(Ba Chai)によって決定されます。この理論では同じ家に住んでいても、住人によって異なる結果になるのが分かります。例えば、東よりも西に頭を向けて寝た方が寝やすいのは何故か？　別室の寝室で寝た方がより安眠できるのは何故か？多くの質問は、この東西命理論によって答えられます。この章では風水における重要な役割である方位について説明します。

東西命理論

A.　本命卦

風水の理論では生まれ年が異なると、各自の好ましい方位と好ましくない方位は異なると考えます。また同じ年に生まれたとしても、男女の性別で分類されます。特別な計算方式を使用することで、誕生年や性別により個人の八卦がわかります。この卦を本命卦（ほんめいか）と呼びます。

この八卦は東命と西命に分類でき、東命には坎・震・巽・離、残りの乾・坤・兌・艮は西命に属します。もし誕生年の本命卦が東命であれば東四命、西命の本命卦であれば西四命になります。

B. 宅卦

宅卦は家やオフィスなど建物の「座」(Sitting) によって決定します。本命卦と同様に、宅卦も西命または東命に分けられます。本命卦と宅卦が同じであると調和につながり、金運や健康運などが吉と考えます。逆に組み合わせが悪いと災難、病気、財政困難、事故また人間関係の不調和などになりやすいといえます。東命の本命卦の人は東命の家に住み、西命の人は西命の家に住むのが好ましいのです。東命の人が西命の家もしくは西命の人が東命の家に住むのは、不調和なのでお勧めできません。

本命卦　/　宅卦

東命：　坎、震、巽、離
西命：　乾、坤、兌、艮

本命卦の見つけ方

本命卦の計算には、個人の誕生年を使います。もし同じ年に生まれた二人の人がいれば、彼らは同じ本命卦になりますが、男女では異なります。例えば、1964 年生まれの男性と女性では異なる本命卦ということです。

例　5－1：
1 ）1964 年 5 月 5 日生まれの男性：　離
2 ）1964 年 5 月 5 日生まれの女性：　乾

本命卦の見つけ方　その 2

私たちが使っている西洋暦の 2 月 4 日また 5 日は、中国の太陰暦で新年の始まりと考えます。ここで注意すべきは、2 月 4 日または 5 日以前生まれは本命卦を計算する際、前年である年を誕生年とすることです。例えば 1964 年 2 月 2 日生まれは、1963 年生まれとして計算します。

その理由は風水では中国太陰暦を基本にしているからです。中国では新年第一日目は立春で、毎年 2 月 4 日ないし 5 日になります。中国の陰暦でいう年の最初の月（正月）の第 1 日目が、中国の公の新年の始まりとして誤って世間に知られています。読者の中で萬年暦（陰暦を西洋暦に変換してある中国の暦、各年の新年の始まりが書いてある）を持っていない方は、2 月 4 日を中国の新年の始まりとして計算してください。

本命卦の計算方法

A. 男性

最初に西暦の誕生年（4桁 xxxx）の各数字を足します。その計（X）を9で割ります。もし余りが生じた場合、11 からその余り（Y）を引きます。その結果（Z）が本命卦となります。

備考：
1）もし余り（Y）が0の場合、余りを9に置き換える
2）結果（Z）が5の場合、男性の本命卦は坤とする

<u>例題5－2</u>
xxxx 年5月4日生まれの男性

x＋x＋x＋x 　　　　　　　　＝X
X ÷ 9 　　　　　　　　＝（ ）余り Y
11 － Y 　　　　　　　　＝Z
Z が本命卦となる

<u>例題5－3</u>
1940 年5月4日生まれの男性

1＋9＋4＋0 　　　　　　　　＝14
14 ÷ 9 　　　　　　　　＝1 余り5
11 － 5 　　　　　　　　＝6
6（乾）が本命卦となる（第4章の八卦を参照）

例題5－4

1940年1月3日生まれの男性

1＋9＋3＋9	＝22
22 ÷ 9	＝2余り4
11 － 4	＝7

7（兌）が本命卦となる

B. 女性

最初に西暦の誕生年（4桁xxxx）の各数字を足します。その計（X）を9で割ります。その余りに4を足します（Y）。その結果（Z）が本命卦となります。

備考：
1）結果（Z）が9以上の数字になった場合、また9を引く
2）結果（Z）が5の場合、女性の本命卦は艮とする
3）もし余り（Y）が0の場合、余りを9に置き換える

<u>例題5－5</u>
xxxx年8月13日生まれの女性

x＋x＋x＋x	＝X
X ÷ 9	＝（ ）余りY
Y ＋ 4	＝Z

Zが本命卦となる

<u>例題5－6</u>
1951年8月13日生まれの女性

1＋9＋5＋1	＝16
16 ÷ 9	＝1余り7
7 ＋ 4	＝11
11 － 9	＝2

2（坤）が本命卦となる

例題 5－7
1951 年 2 月 3 日生まれの女性

1＋9＋5＋0	＝15	
15　÷　9	＝1 余り 6	
6　＋　4	＝10	
10　－　9	＝1	

1（坎）が本命卦となる

本命卦の計算の確認のため、次頁に早見表を載せました。1931 年から 2050 年までの男性と女性の本命卦が確認できます。

本命卦一覧表

西暦	本命卦		西暦	本命卦	
	男性	女性		男性	女性
1931	乾	離	1961	震	震
1932	坤	坎	1962	坤	巽
1933	巽	坤	1963	坎	艮
1934	震	震	1964	離	乾
1935	坤	巽	1965	艮	兌
1936	坎	艮	1966	兌	艮
1937	離	乾	1967	乾	離
1938	艮	兌	1968	坤	坎
1939	兌	艮	1969	巽	坤
1940	乾	離	1970	震	震
1941	坤	坎	1971	坤	巽
1942	巽	坤	1972	坎	艮
1943	震	震	1973	離	乾
1944	坤	巽	1974	艮	兌
1945	坎	艮	1975	兌	艮
1946	離	乾	1976	乾	離
1947	艮	兌	1977	坤	坎
1948	兌	艮	1978	巽	坤
1949	乾	離	1979	震	震
1950	坤	坎	1980	坤	巽
1951	巽	坤	1981	坎	艮
1952	震	震	1982	離	乾
1953	坤	巽	1983	艮	兌
1954	坎	艮	1984	兌	艮
1955	離	乾	1985	乾	離
1956	艮	兌	1986	坤	坎
1957	兌	艮	1987	巽	坤
1958	乾	離	1988	震	震
1959	坤	坎	1989	坤	巽
1960	巽	坤	1990	坎	艮

立春（2月4日）が年の始まり

本命卦一覧表

西暦	本命卦		西暦	本命卦	
	男性	女性		男性	女性
1991	離	乾	2021	乾	離
1992	艮	兌	2022	坤	坎
1993	兌	艮	2023	巽	坤
1994	乾	離	2024	震	震
1995	坤	坎	2025	坤	巽
1996	巽	坤	2026	坎	艮
1997	震	震	2027	離	乾
1998	坤	巽	2028	艮	兌
1999	坎	艮	2029	兌	艮
2000	離	乾	2030	乾	離
2001	艮	兌	2031	坤	坎
2002	兌	艮	2032	巽	坤
2003	乾	離	2033	震	震
2004	坤	坎	2034	坤	巽
2005	巽	坤	2035	坎	艮
2006	震	震	2036	離	乾
2007	坤	巽	2037	艮	兌
2008	坎	艮	2038	兌	艮
2009	離	乾	2039	乾	離
2010	艮	兌	2040	坤	坎
2011	兌	艮	2041	巽	坤
2012	乾	離	2042	震	震
2013	坤	坎	2043	坤	巽
2014	巽	坤	2044	坎	艮
2015	震	震	2045	離	乾
2016	坤	巽	2046	艮	兌
2017	坎	艮	2047	兌	艮
2018	離	乾	2048	乾	離
2019	艮	兌	2049	坤	坎
2020	兌	艮	2050	巽	坤

立春（2月4日）が年の始まり

宅卦の見つけ方

方位

宅卦は建物や家の座（Sitting）によって決定されます。宅卦とは座の方位を表します。座と向（Facing）の方位は同じ対角線上にあります。

例えば、北が座の家は南が向になります。この家は座が北であるので、北を表す坎をとり坎宅と呼びます。

図　5−1

図 5-2 は坤宅の例です。南西が座で北東が向の家です。

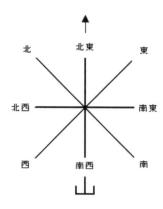

図 5−2

向の方位がわかれば、同時に座の方位もわかります。逆も然りです。

備考：　座（Sitting）のシンボルは漢字の山を使用します　山

　　　　向（Facing）のシンボルは矢印を使用します　　　↑

例 5-8：　　　　　　　　　　　坎宅卦

座は北、向は南

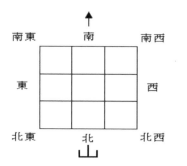

例 5-9：　　　　　　　　　　　坤宅卦

座は南西、向は北東

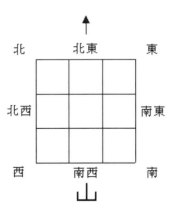

例 5-10：　　　　　　　　　　震宅卦

座は東、向は西

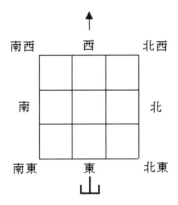

例 5-11：　　　　　　　　　　　巽宅卦

座は南東、向は北西

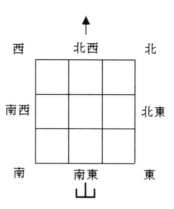

例 5-12：　　　　　　　　　　　乾宅卦

座は北西、向は南東

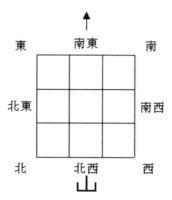

例 5-13： 　　　　　　　　兌宅卦
　　　　　　　　　　　座は西、向は東

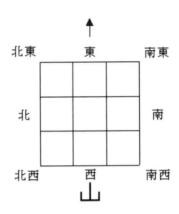

例 5-14： 　　　　　　　　艮宅卦
　　　　　　　　　　　座は北東、向は南西

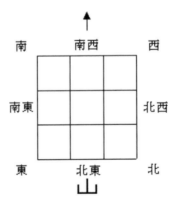

離宅卦

座は南、向は北

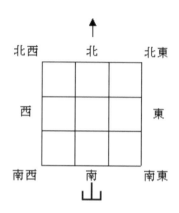

建物の座と向の見つけ方

家や建物の座（Sitting）と向（Facing）の方位を測定し判断することは、風水鑑定では大変重要な部分になります。ですから、数多くの鑑定と経験をこなさなければなりません。緻密な観察も風水鑑定では必要です。家の周りの環境、家の内部、外部の構造また景観だけでなく、家や建物の座向を判断する際に考慮しなければならない要因となるからです。ここで座向を判断する基準の決め手となる、いくつかのガイドラインを記述します。

1) 玄関　　　　通常、建物の向となりえる
2) 交通量　　　交通量が多ければ、建物の向となりえる
3) 間取り　　　寝室や台所は建物の座にあることが多い
　　　　　　　　居間やファミリールームは向にあることが多い

これらはあくまでもガイドラインであり、規則には例外があることを

忘れないでください。例として、玄関が人目につきにくい所にあり、逆側に海が一望できる部屋がある家で説明しましょう。経験の浅い鑑定士は、このような風変わりな家の鑑定時は混乱してしまい、玄関がある側を向とする間違いを起こしてしまいます。この家は海が見渡せる側が家の向となります。家の間取り（部屋の配置）によって座と向を判断します。多くの場合、「判断しにくい」また「風変わりな」家の鑑定はそれほど多くありません。

長年風水の授業を通じ、建物の座向を決定する際どうしたら生徒たちが間違いを避け、正しい鑑定ができるのかが一番重要なポイントであることがわかりました。例外について述べるのは、この本の主旨に外れますので詳しくは述べませんが、私が生徒たちに繰り返し言うのは、基本理論はもちろんのこと、実際の鑑定または実地研修を通じて学ぶことの重要さです。

建物の座向を決めたら、次に羅盤（Lo Pan「ローパン」）もしくは西洋コンパスを用いて建物の座を測定します。もし風水について深く学ぶことをお考えであれば、西洋のコンパスではなく中国の羅盤を使われることをお勧めします。

羅盤（ローパン）を用いた実際の鑑定

ローパンとは易経（英語では I-Ching, Book of Change）を由来とした中国羅盤のことです。風水鑑定を行う際の必需品であり、羅盤無くしては、鑑定は行えません。

羅盤は風水鑑定において方向を測定する重要な道具です。中国の羅盤は同心円の中が最大 36 列に区切られており、それぞれ易に関する複雑な情報が記載されています。羅盤は元来、主に東西南北の四方位を測るための単純な道具でした。しかし時を経るごとに何度も改良され、方位だけではなく天文学や地質学などの情報も加えられ今日に至っています。

当初の四つの方位（区分）から八卦（区分）が付加され、そして八卦に発展した六十四卦（区分）が加えられ、十干十二支、五行、天体などの情報も盛り込まれるようになったのです。長い年月を経て洗練された羅盤は、素人にとっては複雑になりました。

風水鑑定では、羅盤の 24 区分と 36 列のひとつが必要になります。地球は丸い球体なので、羅盤もそのようにデザインされています。文字盤の円周は北・南・東・西・北西・北東・南東・南西の八つの方位（区分）に分けられています。それぞれの方位には、属する卦として坎・離・震・兌・乾・艮・巽・坤が載っています。各卦は均等に 3 等分され、計 24 区分があります。

この24区分から八卦である8区分を引いた数、16区分は十干十二支の名前に由来しています。この十干十二支に関しては、別の本で説明します。

伝統的中国羅盤が複雑すぎることから、もっと簡易に使用できるよう修正したのがサング老師の羅盤です。これは建物の方位測定に際し、誰でも簡単に風水鑑定できるよう必要な24区分だけになっています。

サング老師の羅盤

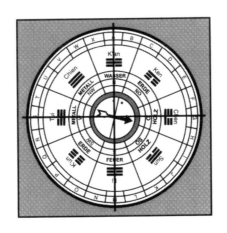

図　5-1

伝統的な中国の羅盤

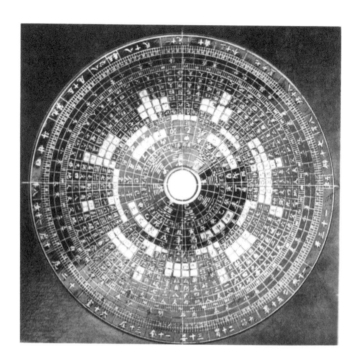

A. サング老師の羅盤の説明

羅盤の各部分を見てみましょう。羅盤には多くの種類がありますが、ここではサング老師の羅盤で説明します。

1) 磁針（Magnetic Arrow）
磁石の針は南を指しています。西洋のコンパスでは針は北を指します。

2) 北を示す点（North Dots）
北を示す点(羅盤の中心にある円の中の二つの点）は盤を回すことで、矢の後ろの羽根の端の部分と合わせることができます。

3) 十字線（Crosshair Alignments）
縦の赤い十字線は座と向の方位（卦）を表しています。矢の振れが収まり、北を示す羽根の端がきちんと二つの点に合わさったか確認することが必要です。

4) 八卦（Eight Trigrams）
八卦は風水の方位測定の基礎であり、各卦には五行やシンボル、方位などが書かれています。

5) アルファベット（Western Alphabet Designations）
各卦（方位）はそれぞれ三つに分かれていています。通常、中国語で書かれていますが、識別を簡易にするためサング老師の羅盤ではアルファベットを使用しています。

6) 度（Degrees）
盤の外周は西洋コンパスで使用する度が算用数字で表されています。

サング老師の羅盤の各部分

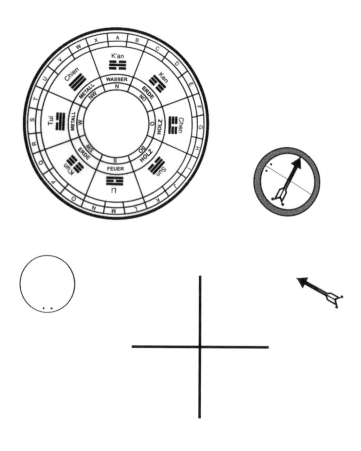

図-- 5-3

B. 羅盤の正しい使用方法

1) まず建物の座 (Sitting) と向 (Facing) を決めます。多くの場合、玄関が向です。建物の向である側に建物を背にして立ちます。その際、建物の向の真ん中に立つこと、また背中が建物と並行であることに注意して下さい。(図5−4を参照)

　(座向に関しては次の章で勉強しますが、ここでは玄関の側を向とし、その逆の側を座とします)

2) 車、鋼鉄の梁、電柱また街灯などの大きな金属物から離れます。多くの貴金属や大きなベルトのバッケルは、針が安定しない原因となるので鑑定時には身に着けないようにします。建物の座に立ち、建物を正面に見るようにします。または建物を背にして向の側に立つことも可能です。建物と平行に立ち、方位測定の為の羅盤を用意します。

3) 真直ぐに立ち、羅盤を腰の位置に保ちます。針の動きが止まるまで待ちます。

4) ゆっくりと盤を回し、矢の白い羽根の端は北を示す二つの点に合わせます。(図5−5を参照)

5) 赤色の十字線の縦線が建物の座向を表します。十字線の手前(体側)の卦が座となり、逆側の卦が建物の向になります。

6) 最低三回、他の場所でも鑑定し方位鑑定が正しいかどうか確かめます。建物の向の真ん中、左端、右端から鑑定するのがよいでしょう。もし異なった結果が出た場合には、真ん中の測定を優先させます。

図 5－4

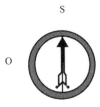

S

O   W

N

図 5－5

C. 羅盤の取り扱い

羅盤はいつも最善の注意を払って扱うようにしてください。羅盤に傷がついたりすると、方位鑑定時に間違った結果になることがあります。手入れの方法としては、次のことが挙げられます。

1）いつも水平なところに置き、羅盤の文字を上にすること
2）貴金属や熱を発するものには近づけないこと
3）車の中には置いておかないこと

本命卦と宅卦の組み合わせ

風水の基本は、本命卦と宅卦を合わせることです。それはお互いが適合しやすく、補足関係にあるからです。

$$\boxed{趨 \quad 吉 \quad 避 \quad 凶}$$

吉に近づき凶を避けること

周りの環境の制限などで調和が取れない場合には、寝室を自分の本命卦である好ましい方位に合わせることです。これは後で説明します。

次ページから、各本命卦をどのようにして宅卦に適合させるのか説明しています。それぞれの本命卦では、宅卦がどのように人々の健康や金運に影響を及ぼすのかもを示しています。

坎の本命卦

宅卦	座	向	意味
巽	南東	北西	A 生気：繁栄、名声
震	東	西	B 天医：健康、友人関係吉
離	南	北	C 延年：家族の調和、対人関係吉
坎	北	南	D 伏位：平和、マネジメント吉
兌	西	東	E 禍害：論争、訴訟の可能性
乾	北西	南東	F 六殺：災難、悪意のある影響
艮	北東	南西	G 五鬼：事故、災害、有害な影響
坤	南西	北東	H 絶命：非生産的な仕事、乏しい金運、強盗

離の本命卦

宅卦	座	向	意味
震	東	西	A 生気：繁栄、名声
巽	南東	北西	B 天医：健康、友人関係吉
坎	北	南	C 延年：家族の調和、対人関係吉
離	南	北	D 伏位：平和、マネジメント吉
艮	北東	南西	E 禍害：論争、訴訟の可能性
坤	南西	北東	F 六殺：災難、悪意のある影響
兌	西	東	G 五鬼：事故、災害、有害な影響
乾	北西	南東	H 絶命：非生産的な仕事、乏しい金運、強盗

震の本命卦

宅卦	座	向	意味
離	南	北	A 生気：繁栄、名声
坎	北	南	B 天医：健康、友人関係吉
巽	南東	北西	C 延年：家族の調和、対人関係吉
震	東	西	D 伏位：平和、マネジメント吉
坤	南西	北東	E 禍害：論争、訴訟の可能性
艮	北東	南西	F 六殺：災難、悪意のある影響
乾	北西	南東	G 五鬼：事故、災害、有害な影響
兌	西	東	H 絶命：非生産的な仕事、乏しい金運、強盗

巽の本命卦

宅卦	座	向	意味
坎	北	南	A 生気：繁栄、名声
離	南	北	B 天医：健康、友人関係吉
震	東	西	C 延年：家族の調和、対人関係吉
巽	南東	北西	D 伏位：平和、マネジメント吉
乾	北西	南東	E 禍害：論争、訴訟の可能性
兌	西	東	F 六殺：災難、悪意のある影響
坤	南西	北東	G 五鬼：事故、災害、有害な影響
艮	北東	南西	H 絶命：非生産的な仕事、乏しい金運、強盗

乾の本命卦

宅卦	座	向	意味
兌	西	東	A 生気：繁栄、名声
艮	北東	南西	B 天医：健康、友人関係吉
坤	南西	北東	C 延年：家族の調和、対人関係吉
乾	北西	南東	D 伏位：平和、マネジメント吉
巽	南東	北西	E 禍害：論争、訴訟の可能性
坎	北	南	F 六殺：災難、悪意のある影響
震	東	西	G 五鬼：事故、災害、有害な影響
離	南	北	H 絶命：非生産的な仕事、乏しい金運、強盗

坤の本命卦

宅卦	座	向	意味
艮	北東	南西	A 生気：繁栄、名声
兌	西	東	B 天医：健康、友人関係吉
乾	北西	南東	C 延年：家族の調和、対人関係吉
坤	南西	北東	D 伏位：平和、マネジメント吉
震	東	西	E 禍害：論争、訴訟の可能性
離	南	北	F 六殺：災難、悪意のある影響
巽	南東	北西	G 五鬼：事故、災害、有害な影響
坎	北	南	H 絶命：非生産的な仕事、乏しい金運、強盗

兌の本命卦

宅卦	座	向	意味
乾	北西	南東	A 生気：繁栄、名声
坤	南西	北東	B 天医：健康、友人関係吉
艮	北東	南西	C 延年：家族の調和、対人関係吉
兌	西	東	D 伏位：平和、マネジメント吉
坎	北	南	E 禍害：論争、訴訟の可能性
巽	南東	北西	F 六殺：災難、悪意のある影響
離	南	北	G 五鬼：事故、災害、有害な影響
震	東	西	H 絶命：非生産的な仕事、乏しい金運、強盗

艮の本命卦

宅卦	座	向	意味
坤	南西	北東	A 生気：繁栄、名声
乾	北西	南東	B 天医：健康、友人関係吉
兌	西	東	C 延年：家族の調和、対人関係吉
艮	北東	南西	D 伏位：平和、マネジメント吉
離	南	北	E 禍害：論争、訴訟の可能性
震	東	西	F 六殺：災難、悪意のある影響
坎	北	南	G 五鬼：事故、災害、有害な影響
巽	南東	北西	H 絶命：非生産的な仕事、乏しい金運、強盗

八卦（Ba Gua）文字

数年に渡る授業を通じて中国語を読み書きしない西洋人のために、私は八卦をアルファベットで教えることを思いつきました。このアルファベットはＡ・Ｂ・Ｃ・Ｄ・Ｅ・Ｆ・Ｇ・Ｈの八文字で、それらには本命卦と宅卦の両方に使用できる「氣」と「磁場」があります。

文字　Ａ

生氣 （Sheng Chi）	占星術では 五行：　木	貧狼 （T'an Lang）

Ａは八つの中で最も好ましい氣です。入り口または寝室がＡの位置にあれば人間関係は良く、富、政治的手腕、繁栄が期待できます。

文字　Ｂ

天医 （T'ien Yee）	占星術では 五行：　土	巨門 （Jue Men）

Ｂも好ましい氣です。入り口もしくは寝室がＢの位置にあるのなら、安全で健康を維持できるでしょう。

文字　C

延年	占星術では	武曲
(Yien Nien)	五行：　金	(Wu Chu)

C も好ましい氣です。入り口もしくは寝室が C の位置にあるのなら、夫婦関係に良く結婚も期待できます。金運も吉です。

文字　D

伏位	占星術では	輔弼
(Fu Wei)	五行：　木	(Fu Pi)

D も好ましい氣です。D は必ず家の座の位置になり、家の宅卦を表しています。例えば、北を座とする家は坎宅です。この家の D は座である北の位置になるのです。別の例で説明すると、乾の家の座は北西なので、D は北西になります。入り口や寝室が D ならば、そこに住む住人に平和でより良い人間関係をもたらしてくれます。

文字　E

禍害	占星術では	禄存
(Woh Hai)	五行：　土	(Lu Tsuan)

E は好ましくない氣の 4 番目と考えられます。入り口や寝室が E の位置にあるのなら、お金の損失、訴訟、ケンカなどの悪影響があるかもしれません。

文字　F

六殺　　　　　　占星術では　　　　文曲
（Liou Sha）　　　五行：　水　　（Wen Chu）

Ｆは３番目に良くない氣です。入り口または寝室がＦの位置であれば、悪意ある性の誘惑や好ましくない人間関係、ケンカなどが引き起こされるかもしれません。

文字　G

五鬼　　　　　　占星術では　　　　廉貞
（Wu Gwei）　　　五行：　火　　（Lien Ching）

Ｇは２番目に悪い氣です。入り口や寝室がＧの位置であれば、友人や親戚などから見放されたり（親朋背棄）、火事や事故などを引き起こしかねません。しかし五鬼（Five Ghost）を「五鬼運財法」という秘術を使うことで、多くの富を招くことができます。

文字　H

絶命　　　　　　占星術では　　　　破軍
（Jwei Ming）　　　五行：　金　　（Pwo Juen）

Ｈは最も好ましくない氣です。Ｈの位置が入り口や寝室にあれば、なるべく使用しないようにします。この氣は事故、泥棒、不治の病などに結びつきます。総合的に見て金運や人間関係は良くありません。

A. 八卦の変爻の規則とガイドライン（本命卦と宅卦）

本命卦と宅卦の異なる氣や方位、そして様々な局面での影響について説明しました。それでは、各卦がどのようにして八つの氣のタイプに性質が変わっていくのか見てみましょう。

八卦は三本の線（爻）から成り立ち、それぞれの爻（こう）は陽（一）か陰（--）のどちらかです。例えば、乾の卦は三つの陽から構成されています。ここで説明する変爻は、各爻の変化のことです。もし易経を勉強していたらお分かりのように、この変爻はよく知られています。陰から陽への変爻、また陽から陰への変爻です。どの爻が変わるのか、それは氣によって異なります。

その変爻の前に卦をどう読んでいくのか、これを覚える必要があります。それぞれの卦は一番下から読みます。例えば、震（Chen）の卦は、最初の爻（一番下）が陽で、真ん中の爻が陰、そして最後の爻（一番上）が陰というように判断します。

震

三番目
二番目
一番目

文字　A：生気－3番目の爻を変爻させます。

もとの本命卦・宅卦は乾です。

3番目の爻を変爻させることにより、乾は兌に変わります。

結果：
乾の本命卦・宅卦のAの氣は西の方位である兌の卦に変卦しました。

<u>例題５−17</u>

文字　Ｂ：天医―１番目と２番目の爻を変爻させます。

もとの本命卦・宅卦は乾です。

１番目と２番目の爻を変爻させることにより、乾は艮に変わります。

結果：
乾の本命卦・宅卦のＢの氣は北東の方位である艮に変卦しました。

例題 5－18

文字　C：延年─すべての爻を変爻させます。

もとの本命卦・宅卦は乾です。

すべての爻を変爻させることにより、乾は坤に変わります。

結果：
乾の本命卦・宅卦の C の氣は南西の方位である坤の卦に変卦しました。

<u>例題 5-19</u>

文字　D：伏位―変爻はありません。

もとの本命卦・宅卦は乾です。

変爻がないので、乾はもとの乾のままです。

結果：
乾の本命卦・宅卦のDの氣は北西の方位である乾の卦のままです。

<u>例題5−20</u>

文字　E：禍害―最初の爻を変爻させます。

もとの本命卦・宅卦は乾です。

1番目の爻を変爻させることにより、乾は巽に変わります。

結果：
乾の本命卦・宅卦のEの氣は南東の方位である巽の卦に変卦しました。

<u>例題５−21</u>

文字　Ｆ：六殺―最初の爻と３番目の爻を変爻させます。

もとの本命卦・宅卦は乾です。

１番目と３番目の爻を変爻させることにより、乾は坎に変わります。

結果：
乾の本命卦・宅卦のＦの氣は北の方位である坎の卦に変卦しました。

例題 5 − 22

文字　G：五鬼—2番目と3番目の爻を変爻させます。

もとの本命卦・宅卦は乾です。

2番目と3番目の爻を変爻させることにより、乾は震に変わります。

結果：
乾の本命卦・宅卦のGの氣は東の方位である震の卦に変卦しました。

<u>例題5－23</u>

文字　H：絶命―2番目の爻を変爻させます。

もとの本命卦・宅卦は乾です。

2番目の爻を変爻させることにより、乾は離に変わります。

結果：
乾の本命卦・宅卦のHの氣は南の方位である離の卦に変卦しました。

B. 八卦のシンボル

下記の表は、八つの異なる氣のタイプと象徴を表しています。

A	繁栄、名声
B	健康、友人関係吉
C	家族間の調和、対人関係吉
D	平和、マネジメント吉
E	論争、訴訟の可能性
F	災難、悪意のある影響の可能性
G	事故、災害、悪意ある影響
H	非生産性の仕事、乏しい金運、強盗

C. 変爻　その2

もとの本命卦・宅卦は離

Aを捜すには：三番目を変爻

Bを捜すには：一番目と二番目を変爻

Cを捜すには：一番目と二番目と三番目を変爻

D を捜すには：変爻なし

E を捜すには：一番目を変爻

F を捜すには：一番目と三番目を変爻

G を捜すには：二番目と三番目を変爻

Hを捜すには：二番目を変爻

本命卦と宅卦の八つの氣を表した早見表は、図5−6から図5−13を
参照してください。八卦は東命か西命に分類され、各盤の中心にそれ
ぞれの卦が書いてあります。

例

坤の人は西命に属します。西命の中で、盤の中心が坤を捜します。盤
の外周にあるA・B・C・Dの方位が坤の人にとって好ましく、E・F・
G・Hがある方位は好ましくありません。

同じ理論を用いて家の中の氣を調べることもできます。座が南の家は、
離宅となります。東命の離の盤を見つけます。盤を見ると、どの方位
が玄関や寝室にとって好ましい方位であるのかわかります。A・B・C・
Dの方位が玄関や寝室に相応しいと考えます。

これについては後の章で詳しく説明します。

東命

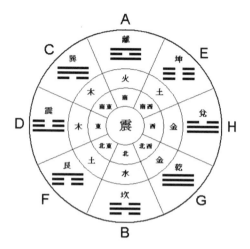

図 5-6

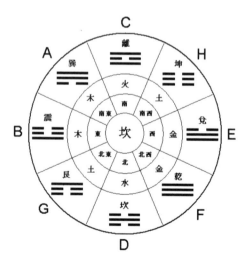

図 5-7

東命

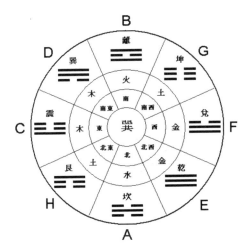

図　5-8

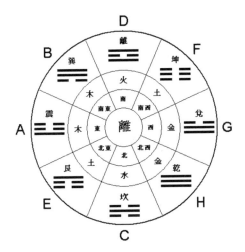

図　5-9

西命

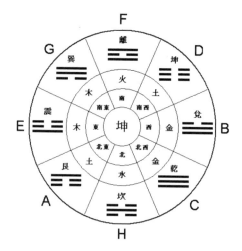

図　5−10

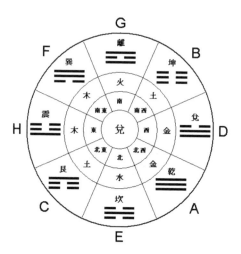

図　5−11

西命

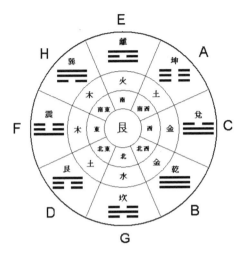

図 5−12

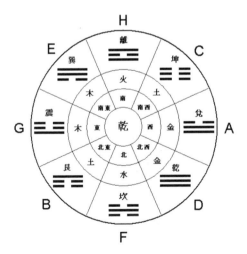

図 5−13

東西命を取り入れる

羅盤の使用方法と、建物の座の測定方法を学びました。次に本命卦と
宅卦の組み合わせを、順を追って見ていきます。

ステップ1

まず建物の間取り図を準備します。正確に図面化されていれば手書き
でも構いません。この間取り図には、建物の正面玄関や裏玄関の位置、
八方位が記載されていなければなりません。家の座と向を示すサイン
も忘れずに書きましょう。

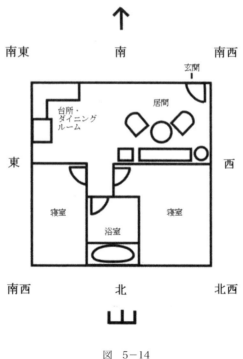

図　5−14

ステップ2

間取り図に、均等に三本の線（図4−2で使われている八卦宮を参照）
を引きます。そうすると各宮（グリッド）は縦横等しく三等分になり、
間取り図には九つの宮ができます。八卦のアルファベットが記述でき
るよう、間取り図は十分な大きさを取ってください。最初から宮（グ
リッド）が書いてある用紙を使っても構いません。これは多くの生徒
が好む方法です。八方位は忘れずに書きます。（図5−15を参照）

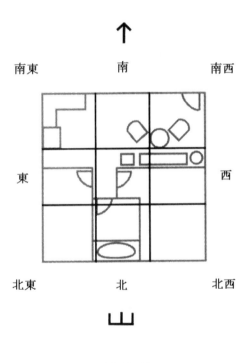

図　5−15

ステップ3

建物の座の方位がわかったら、宅卦がわかります。その卦を東西命チャート（図5-6から図5-13を参照）から捜します。八方位に属するAからHまでのアルファベットを各宮（グリッド）に記入します。情報を間取り図に書き込むことにより、分析しやすくなります。

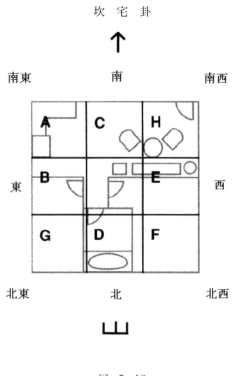

図　5-16

ステップ4

その家に住んでいる住人の本命卦をアルファベットで記入します。例5−2から例5−7もしくは53、54ページの本命卦早見表を参照してください。本命卦と宅卦のエネルギーを記述する際、別々の色を使うと混乱しなくて良いかもしれません。下の例では本命卦をイタリック体で表しています。

坎　宅卦　：左側、明朝体
離　本命卦：右側、*イタリック体*

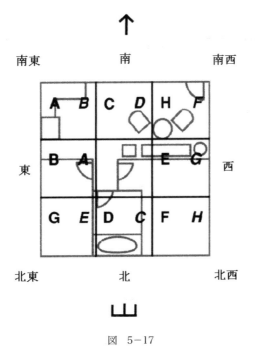

図　5−17

では、本命卦・宅卦の分析に移ります。

本命卦・宅卦の組み合わせ　その２

座向の方位が、その家に住む人に影響を与える唯一の要因になります。宅卦と本命卦が同じであれば、その家は最も好ましく最も有益な家といえるでしょう。本命卦が坤の人で説明すると、南西が座で北東が向の坤の家に住むのが一番好ましいといえます。

　　　　　坤宅卦　：左側、明朝体
　　　　　坤本命卦：右側、*イタリック体*

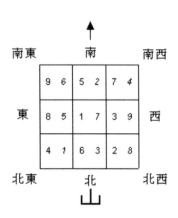

もし好ましい座向でない場合、どのようにして吉方位を選べばよいのでしょうか？　座が重要なのでしょうか？　それとも向が重要なのでしょうか？　答えは座です。座の方位で宅卦が決定されますが、宅卦と本命卦は一致した方が良いのです。もう一つ重要なことは、座の方位は変えることができないという点です。向の方位と異なり、もし玄関が好ましくない方位の宮（グリッド）にあれば、裏玄関を使用するとか、吉方位に新しくドアを作るなどの方法を考えるようにします。

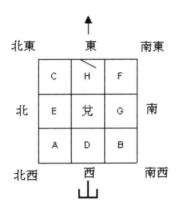

上記の例は、兌の家で玄関は東、そのエネルギーは H（災難、悪意ある影響）となります。

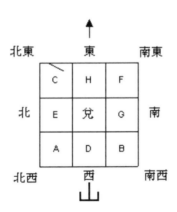

上記の図では玄関をエネルギーの良い北東へ移した結果、H から C（家族の調和、対人関係吉）に改善されました。

玄関はＡの宮にあることが理想的です。その次にＢ・Ｃ・Ｄの順になります。Ｅ・Ｆ・Ｇ・Ｈの宮に玄関があるのはできる限り避けるようにします。（90ページの八卦のシンボルを参照）

建物の座向に関係なく玄関は左側に位置しているのが好ましい、と記述している本があります。これらの本では「左に青龍」、「右に白虎」などという言葉が随所に使われておりますが、風水では全く重要視する必要なく、単なる表面的な言葉でしかありません。「左の青龍」は活動のシンボル、「右の白虎」は静止のシンボルと考えている理由から、多くの人はこれらを建物に対しても吉凶を表わすものと信じています。彼等は玄関を左に配置（左に青龍）することが、疑いなく最良の選択であると思っています。南が座、北が向で玄関が左にある建物を考えてみましょう。もし玄関が左に位置する北西ならば、ここはＨのエネルギーになります。これは東西命理論では、一番好ましくない方位です。この例では向側の真ん中の北だけが吉方位になります。玄関が左また右に配置することは、全く適切な選択ではありません。しかし、これらのルールには幾つかの例外があり、それについては後の章で説明します。

事実、私の経験では東が座、西が向である震宅で玄関が左（Ｅのエネルギーのある坤宮）にある家では、頻繁に夫婦間また家族間でケンカが絶えない例を知っています。この場合、離（南）の宮にある裏玄関を使うことにより改善されました。

配偶者の本命卦と宅卦の組み合わせ

前章では、何故東命の人が東命の家に住むべきなのか、また西命の人が西命の家に住むべきなのかについて説明しました。東西命の組み合わせは、人間関係において何らかの影響を与えると信じられています。このルールに従うと東命の人は同じ東命の人と結婚するのが最良であり、また西命の人は西命の人と一緒になるのが最高の組み合わせになります。異なったグループ同士では、しばしば話や考え方が合わなかったりすることがあります。私の知っている例で、東命である震（五行は木）の女性から生まれた最初の子供が男の子で、その本命卦が西命の乾（五行は金）の場合、その子は健康ではなく稀には死産というケースもあります。これは金が木を剋している相剋関係にあるという理由からです。

では、東西別々のグループであるカップルが調和できるにはどうしたら良いでしょうか？簡単な方法は別々の寝室で寝ることです。しかし単純で実行しやすい方法が、いつも最善の解決であるとは限りません。この場合、寝室の方位が夫か妻のどちらかの本命卦に相応しいのか調べます。その上で、ベッドの枕の位置を相手（寝室の方位が不利な方）の好ましい位置に合わせる妥協案です。（次ページ参照）

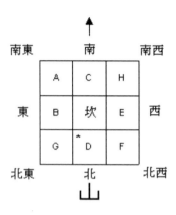

これは北が座、南が向の坎宅になります。坎は東命です。寝室は北の宮にありエネルギーはD（*のマーク）、好ましい寝室の位置です。

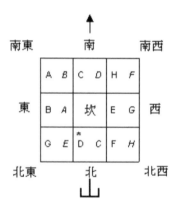

この坎宅に妻の本命卦である離（東命）のデータを記入していきます。寝室のある北の位置にC（家族間の調和と対人関係）のエネルギーが見つかりました。これは妻にとって好ましい寝室といえます。

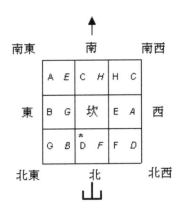

次に夫を見てみましょう。彼の本命卦は西命である乾です。F（災難、悪意ある影響）のエネルギーが寝室にあります。ここは彼にとって好ましい寝室ではありません。

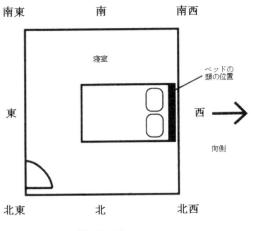

図　5—18

図 5—18 は、寝室を拡大した図です。この場合ベッドの枕の位置を西向きにすることで、西グループである夫に好ましい配置にしました。なぜならば、西は西グループに属する方位の一つだからです。

玄関

風水鑑定で最も大切なのは、建物の玄関の分析です。氣は玄関を抜け家の中に留まることから、風水では玄関を大変重要視します。氣の吉凶に関わらず、判断基準の主な要因として考慮します。良い位置の玄関から氣を取り込むことで、住人が健康であり吉運を運んでくる効果的な方法になるからです。

良い玄関であるには、その方位が好ましい方位でなければなりません。玄関の位置に、Aのエネルギーがあることが大変好ましいといえます。家や建物の大きさに比べて、玄関ドアが高すぎたり（図5−19）、大きかったり（図5−20）、小さかったり（図5−21）するのは好ましくありません。また梁が真上にある玄関も良くありません。玄関前に電線や電柱があるのも避けるべきです。玄関に覆いかぶさるような大きな木があれば、太陽の光を取り込むよう剪定することが必要です。

東命の家の玄関は、震宅では南、巽宅では北、離宅では東、坎宅では南東にあるのが好ましいと言えます。

西命の家の玄関は、坤宅では北東、兌宅では北西、乾宅では西、艮宅では南西に玄関があるのが同様に好ましいでしょう。

繰り返しますが、玄関はA・B・C・Dの宮の位置にあるのが吉です。

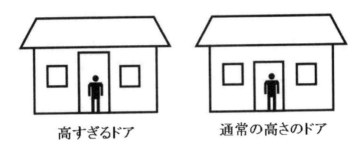

図　5−19

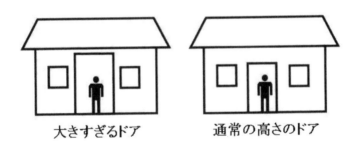

図　5−20

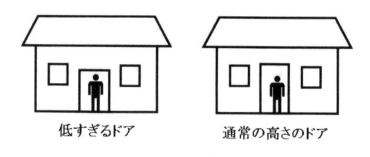

低すぎるドア　　　　　通常の高さのドア

図　5-21

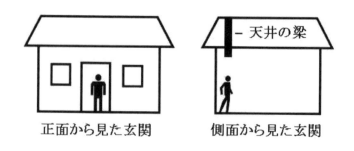

正面から見た玄関　　　側面から見た玄関

図　5-22

寝室

一日の疲れを癒す寝室は、睡眠を取る場でありエネルギーを補給する場でもあります。風水では寝室も大変重要視します。安眠は心や体を休ませるばかりでなく、翌日の活力を作り出します。寝室は健康や仕事、運にまで影響を与えるのです。

寝室を選ぶ最初の条件は、宅卦と本命卦が合っていることです。本命卦から寝室に相応しい方位を捜します。理想的な寝室は D のエネルギーがある方位です。東西命の最も良い方位は次のようになります。

東命の人
好ましい方位　　：東、南東、南、北
好ましくない方位：西、南西、北西、北東

西命の人
好ましい方位　　：西、南西、北西、北東
好ましくない方位：東、南東、南、北

寝室はD・C・B・Aが好ましい順になります。

次の図は、東西命の寝室の吉方位を表したガイドラインになります。

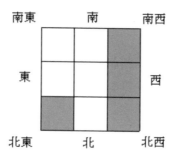

各マス目は、寝室もしくは方位を表しています。上記の白い部分は「東四宮」といい、東命の人にとって吉方位です。黒い部分は、寝室に好ましくない方位になります。

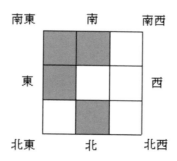

各マス目は、寝室もしくは方位を表しています。上記の白い部分は「西四宮」といい、西命の人にとって吉方位です。黒い部分は、寝室に好ましくない方位です。

もし東命の人が「西四宅」に住んでいる場合、また西命の人が「東四

宅」に住んでいる場合、風水では最も基礎的な誤りと考えます。この場合、家の主は寝室にある枕の位置を本命卦の好ましい方位に合わせることです。つまり、寝室と本命卦の方位が合わない最悪の場合は、枕の位置を本命卦の好ましい方位に合わせるようにします。

例えば、ある部屋の宅卦のエネルギーが D で本命卦が F の場合、この部屋は宅卦の D のエネルギーになります。部屋の最適化を測るには、D・C・B または本命卦の A のエネルギーを捜し、ベッドの位置を配置することです。

寝室で注意すること

寝室は健康に関与しています。寝室の形は長方形または正方形が吉で、凹凸があったり丸い形は好ましくありません。勾配のある天井も避けるべきです。よく換気されており、程よい光があれば適切です。明るすぎたり暗すぎたりするのは良くありません。また臭いがこもっているのも好ましくありません。鏡はなるべく置かないようにします。特にベッドの足元にある鏡は良くありません。鏡は五行のどれにも属さないため、風水では使用しません。ですから、鏡が悪い氣を撥ね返すなどというのは迷信に過ぎません。

図5−23

鏡はベッドに向けて置かないこと、特に足元の鏡は良くない

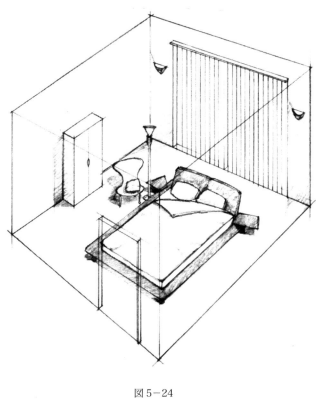

図5-24

寝室ドアの線上にベッドは置かないこと

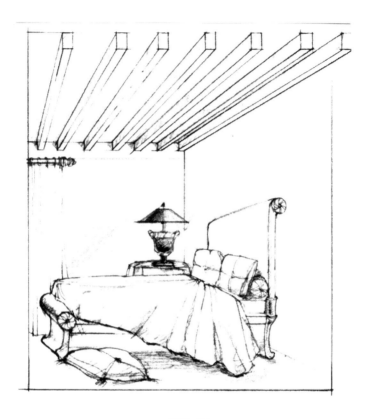

図 5−25

梁の真下にベッドを置かないこと

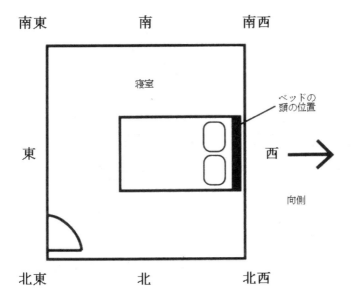

図 5-26

私たちの生活の3分の1は睡眠を取っているか、休息している時間になります。快適な睡眠のためにはベッドの位置を本命卦の好ましい位置に合わせると良いでしょう。その位置とは、ベッドの位置また枕（頭）の位置のことです。

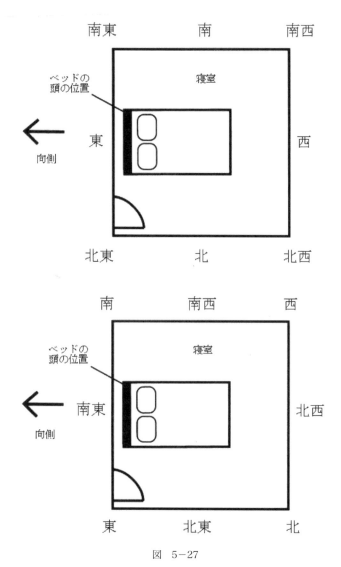

図 5-27

　東命の人は、ベッドの枕（頭）の位置を東、南東、南また北向きにします。

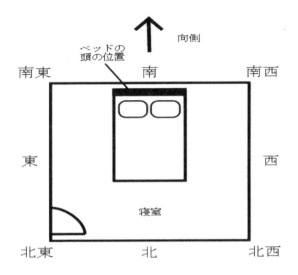

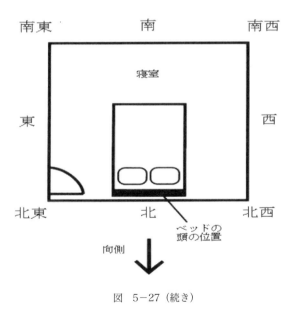

図 5-27（続き）

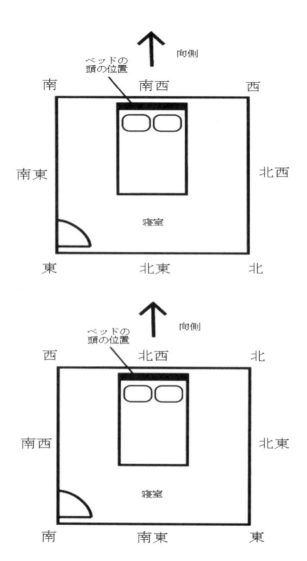

図　5−28

　西命の人は、ベッド枕（頭）の位置を西、南西、北西、北東向きにし
ます。

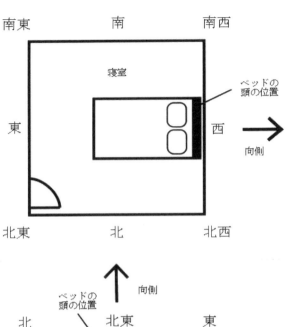

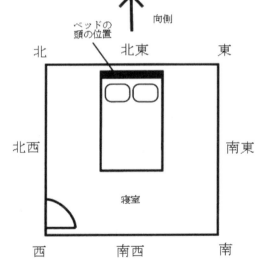

図　5-28　（続き）

寝室で用いる色は、本命卦の五行の色が好ましいと言えます。本命卦を相生する色、もしくは本命卦の五行の色を使うようにするのが良いでしょう（下記のチャート図を参照)。どんな色もあなたの本命卦を剋することはありません。但し、相洩関係になる色はなるべく避けるようにします（図5−29、図5−30、図5−31参照)。

本命卦（五行）	好ましい色（五行）	理由	好ましくない色（五行）	理由
震・巽（木）	1)薄青（水） 2)薄緑（木）	水は木を生じる 同じ五行の木	1)金色（金） 2)赤（火）	金は木を剋する 火は木を弱める
坤・艮（土）	1)赤（火） 2)黄色（土）	火は土を生じる 同じ五行の土	1)薄緑（木） 2)金色（金）	木は土を剋する 金は土を弱める
乾・兌（金）	1)黄色（土） 2)金色（金）	土は金を生じる 同じ五行の金	1)赤（火） 2)薄青（水）	火は金を剋する 水は金を弱める
坎（水）	1)金色（金） 2)薄青（水）	金は水を生じる 同じ五行の水	1)黄色（土） 2)薄緑（木）	土は水を剋する 木は水を弱める
離（火）	1)薄緑（木） 2)赤（火）	木は火を生じる 同じ五行の火	1)薄青（水） 2)黄色（土）	水は火を剋する 土は火を弱める

五行の色

相生サイクル

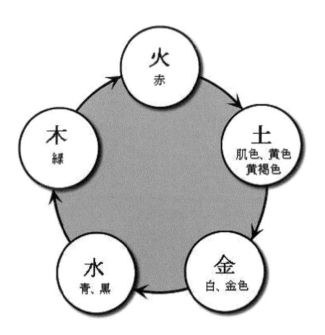

図　5−29

五行の色

相剋サイクル

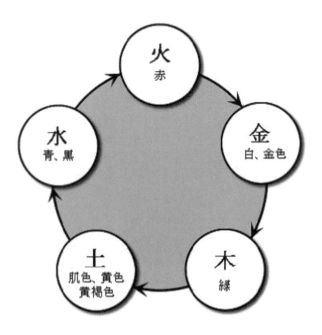

図　5－30

五行の色

相洩サイクル

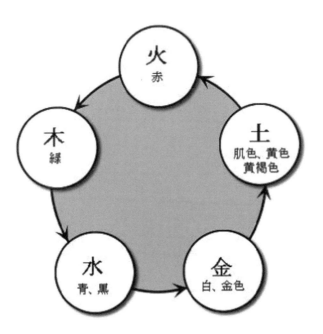

図　5−31

台所と料理用ガスレンジ／コンロ

台所とガスレンジは、家の中で欠くことのできない場所になりますが、今日の風水ではしばしば見落としがちです。それは台所がお客をもてなす場でなく、一日のうち数時間しか過ごさない場だからです。台所は私達の生活に必要な「食事」を作る所であり、食事は生活の多方面で無くてはならないものです。食事は生きるために食べるのではなく、成長やエネルギー、そして心と体の健康を維持していくことを意味しています。多くの場合、食事は単純に楽しみの一つです。

台所とガスレンジの良い位置とは、本命卦の氣のエネルギーの好ましくない方位です。それは料理をする時に火を使い、その火が良くない氣を燃やすからです。八卦システムの E・F・G・H がその方位になります。

坤の家で、好ましくない方位とは
E ― 東
F ― 南
G ― 南東
H ― 北

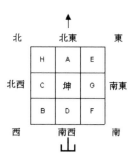

坤の家の好ましくない方位は東、南、南東、北であることから、これらの方位に台所やガスレンジがあるのが最適といえます。

台所とガスレンジの配置は、本命卦の凶方位が好ましいことを説明しました。しかし、ガスレンジの火のドアと呼ばれる「火門」である向きについては、宅卦の好ましい方位である四つのうちのどれかに位置していれば最適です。

電気やガスの無い時代は、木や石炭などを燃やしていました。料理用ストーブ正面には木や石炭をくべるための大きな焚き口があり、その開閉する側を「火門」といいます。（図5−32参照）

向　側

図　5−32

もしガスストーブが好ましくない方位に面していれば、そこの住人は何かしらの健康上の問題があるかもしれません。風水師は台所の改装をアドバイスすることがあります。中医学では、外用・内用に関わらず薬草を煮詰めることから、改装後のストーブの位置が、健康上の改善に結びつくと考えられています。私の過去の経験から、ストーブがB方位（天医）に面していることが、より効果的であるようです。

経験を積んだ風水師は、財政困難に陥っている人を台所の配置換えによって改善することができます。念入りに選んだ日と時間に、台所のガスレンジの位置をG方位（五鬼：本命卦のGの位置ではなく、宅卦のGの位置）に配置換えします。そのガスレンジは、A方位に面していなければなりません。より効果的な結果を得るには、年数字8（6章、玄空システムを参照）がG方位であることが条件です。通常、結果が出るのには数日かかりますが、遅くとも半月以内には状況が改善されます。

台所リフォーム費用は安くありませんから、経験の浅い風水師には気をつけるようにしてください。特に家のG方位が配置先の台所の方位であること、また工事に際し工事開始日と時間を指定しない風水師は充分に注意を払った方が良いでしょう。

私の生徒の一人が、ある風水師に家の鑑定を依頼しました。この風水師は台所リフォームとガスレンジの位置の配置換えを指示しました。工事費3万ドル（390万円）を費やしたにも関わらず、その生徒は財政に困窮し家を手放すことになったのです。この生徒はクラス受講後、依頼した風水師のアドバイスは全く理に適っていないことがわかったのです。

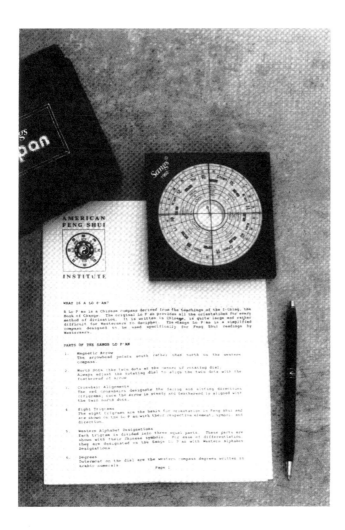

玄空システム

第 六 章

玄空システム

玄空とは

この章では色々な質問があるかもしれません。例えば、五行と相関関係である三つのサイクルと東西命理論を考慮した場合、三サイクルはどのようにして用いられるのか？　風水鑑定では、何故九つの宮（グリッド）が使われるのか？　何故、真ん中の中宮を加えないのか？寝室が中宮にあった場合はどうなるのか？

これらの質問の答えが、この章で見つけられます。玄空とは何であるのか？　この玄空は、風水鑑定と八宅でどのような関係を持っているのか？　そしてどのような局面においてか？　ということをご理解いただけるはずです。

玄空とは風水の別名と考えてよいでしょう。易経の算術に由来する数字を用います。玄空は東西命と関連しており、より詳細で含蓄に富んだ分析が可能です。多くの風水師達は東西命理論だけで鑑定しており、彼らの中でこの玄空を理解している人は一体何人いるのでしょうか？　彼らにとって玄空は必要ないのかもしれません。逆に玄空で鑑定する風水師は、当然のことながら東西命理論を用います。本研究所で風水を学ぶ生徒から、風水鑑定で東西命と玄空のどちらがより重要なのか、尋ねられることがあります。その答えは両方です。両システムは各々意味を持ち、玄空では東西命理論で欠けている中宮を補っています。

玄空とは　その2

A.　太陽系システムとその影響

2000年前の中国では、風水の教義において惑星の運行の実体が観察を通じ既に理解されていました。それは、太陽や月が地球やそこに住むすべての生き物に影響を与えているということです。その現象と天文学や地質学の観点を組み合わせ、卦とその属性が形成されたのです。そして、適切な場所と時間を選択する算術方程式が具体化されました。

月と太陽の動き、陰陽の相互作用、宇宙空間と方角は、地球の大気の大きな変化を左右しています。地球の磁場は天気の変化によって様々に変わります。磁場は地球のあらゆる生き物に、直接的または間接的に何らかの影響を与えています。

ミツバチの巣箱や雪片(雪の結晶)は6角形です。ほとんどの結晶は、6立方体の平面を持っているか、また6の倍数から成り立っています。地球が太陽の周りを一周するのは、月が地球の周りを12公転することです。太陰暦は12の月から成り立っています。古い建物は、ほとんどが12階建てです。12トロイ・オンス(金を計る単位に使われる)は1ポンドです。12インチは1フィート、1ダースは12など全てが6の倍です。中国の星占いでは12年を1サイクルとして、十二支が使われています。これらは宇宙の法則と自然の規則を表しています。

B.　玄空システム（紫白飛星システム）

東西命理論では八つの文字が使われていますが、玄空では九つの数字
（九星）が用いられます。八つの文字にそれぞれ意味があったように、
九つの数字にも各々の氣が表現されています。この章では二つの数字
のシステムについて説明しています。数字の飛箔の後、九つの宮には
宅卦と年の数字が配されます。

八卦

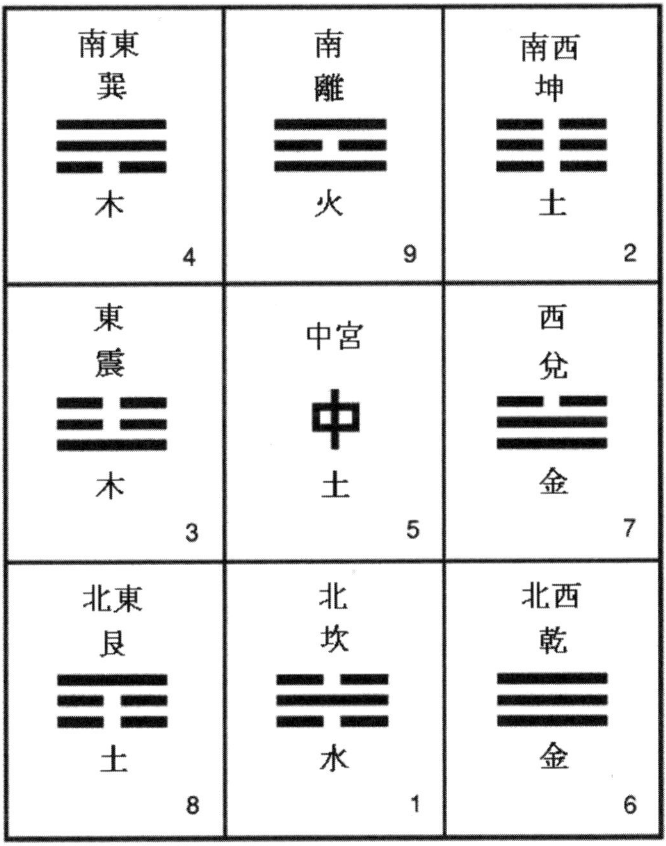

南東 巽 木 4	南 離 火 9	南西 坤 土 2
東 震 木 3	中宮 中 土 5	西 兌 金 7
北東 艮 土 8	北 坎 水 1	北西 乾 金 6

図　6-1

図6−1は、八卦を表した八卦表です。九宮には、属性、方位、五行、数字が書かれています。また八卦も各宮にありますが、中宮に属する八卦はありません。中宮は真ん中の方位であり、五行の要素は土で数字は5になります。

紫白飛星システムは、数字に加え色も宮ごとに指定されています。色は昔の教授法で簡単に学べるように用いていたに過ぎず、ここでは八卦に属する色（第四章、八卦を参照）との混在で誤解を招かぬよう、この本では省きます。

紫白飛星は九宮飛星としても知られています。この言葉からおわかりのように、九宮それぞれに数字（九星）が配されています。九つの数字はある規則性をもって飛箔します。図6−1を見てみましょう。数字だけで他の属性は無視してください。九宮飛星は中宮から数字が始まります。この章の最後に九宮に配する正しい数字の順序が説明されています。

宮	卦	属する数字
中宮		5
北西	乾	6
西	兌	7
北東	艮	8
南	離	9
北	坎	1
南西	坤	2
東	震	3
南東	巽	4

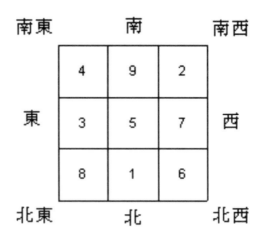

八卦の数字の合計は、次のようになる：

上段左、中央、下段右の数字	(4+5+6) ＝15
上段右、中央、下段左の数字	(2+5+8) ＝15
上段横一列の数字	(4+9+2) ＝15
中段横一列の数字	(3+5+7) ＝15
下段横一列の数字	(8+1+6) ＝15
右の縦一列の数字	(2+7+6) ＝15
中央縦一列の数字	(9+5+1) ＝15
左の縦一列の数字	(4+3+8) ＝15

飛箔方法

見かけは難しく見えますが、飛箔自体は非常に単純です。真剣に風水を学びたい読者は、この飛箔方法を暗記するようにしてください。ここでは、上昇順の数字について説明します。

1から9までのどの数字でもいいのですが、最初の数字は中宮に書きます。2番目の数字は北西の方位、3番目の数字は西の方位、その後、北東・南・北・南西・東・南東と続きます。

まとめ

最初の数字は、中宮に配する
2番目の数字は、北西の宮に配する
3番目の数字は、西の宮に配する
4番目の数字は、北東の宮に配する
5番目の数字は、南の宮に配する
6番目の数字は、北の宮に配する
7番目の数字は、南西の宮に配する
8番目の数字は、東の宮に配する
9番目の数字は、南東の宮に配する

覚書

1) 最初の数字、2番目の数字、3番目の数字〜9番目の数字とは、実際の数字としての1，2，3〜9ではありません。

2) 飛箔が正しいかどうかを確認するには、9番目（最後）の南東の宮にある数をチェックします。通常、南東の宮の数字は、中宮の数字よりも1少ない数になります。例えば、南東（9番目）の宮に数字の8がある場合、中宮の数字は9になっているはずです。もし数字の9が南東の宮にある場合には、中宮には1の数字になるはずです。

では、中宮に配する数字はどうやって見つけるのでしょうか？　それは、宅卦のタイプから見つけ出します。東西命の章で学んだことですが、家のタイプは宅卦によって決まります。いい換えれば、家の座（Sitting）が宅卦になります。北が座の家は坎宅になり、坎は数字1を表します。（第五章、東西命理論を参照）

重要：
初心者がよく間違える問題は、飛箔の順番を八卦の方位ではなく場所で覚えていることが挙げられます。方位で覚えているのではなく、一番左下、右の真ん中、左の一番上など場所で暗記しているからです。この本では南が上で北は下、東は左にあり西は右に方位を定めています。宮（グリッド）そのものは座向のシンボルが無ければ、どの宅卦も表していません。ですから、飛箔順序に関しては方位を基にして覚えることが大事です。

例6-1：

宅卦　−　坎宅（1）

ステップ1

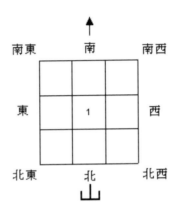

ステップ2

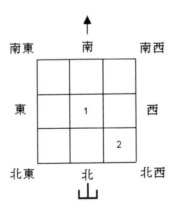

ステップ 3

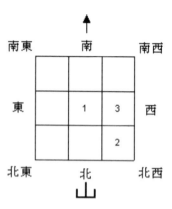

ステップ 4

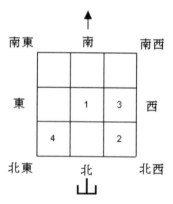

ステップ 5

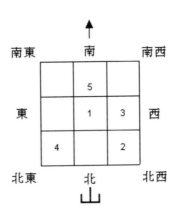

ステップ 6

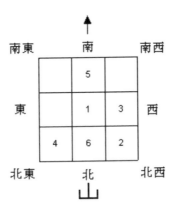

ステップ 7

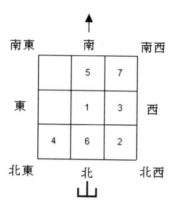

ステップ 8

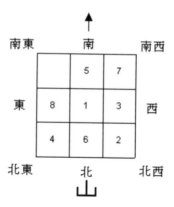

ステップ9

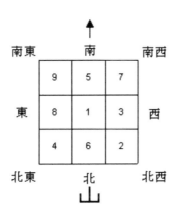

南東の数字が、中宮にある数字よりも１つ小さいか確認します。例題
では、中宮の１より一つ前の数字９が南東にあるのがわかります。

例6−2：

宅卦 − 兌宅 (7)

ステップ1

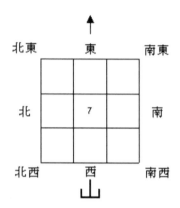

ステップ2

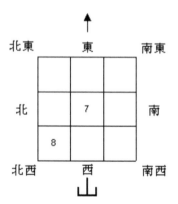

ステップ3

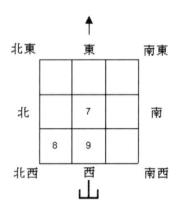

ステップ4

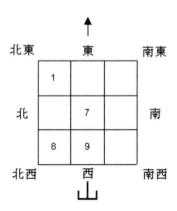

ステップ5

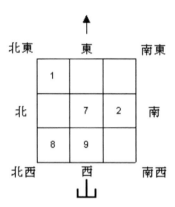

ステップ6

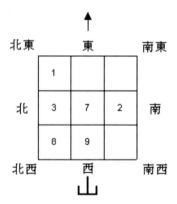

ステップ7

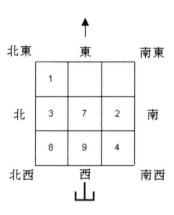

ステップ8

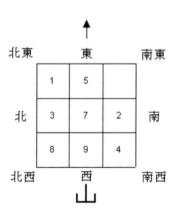

ステップ9

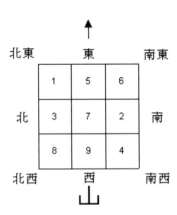

南東の数字が中宮にある数字よりも1つ小さい数か確認します。例題
では、中宮にある7より1つ前の数字6が南東にあるのがわかりま
す。

下記の図は、八卦の飛箔を表している早見表になります。

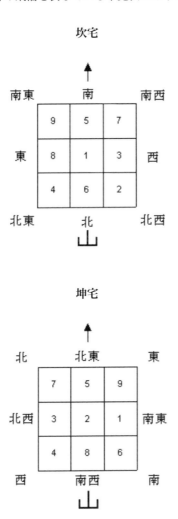

坎宅

南東　　　南　　　南西

9	5	7
8	1	3
4	6	2

東　　　　　　　　西

北東　　　北　　　北西

坤宅

北　　　北東　　　東

7	5	9
3	2	1
4	8	6

北西　　　　　　　南東

西　　　南西　　　南

震宅

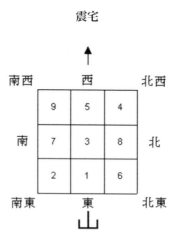

巽宅

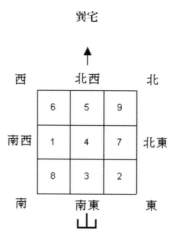

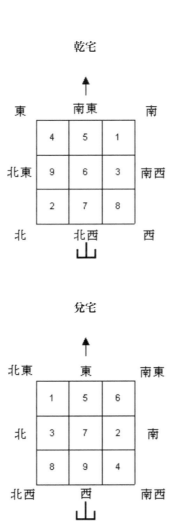

乾宅

| 東 | 南東 | 南 |

4	5	1
9	6	3
2	7	8

北東 （左列） 南西 （右列）

北　　北西　　西

兌宅

| 北東 | 東 | 南東 |

1	5	6
3	7	2
8	9	4

北 （左列）　南 （右列）

北西　　西　　南西

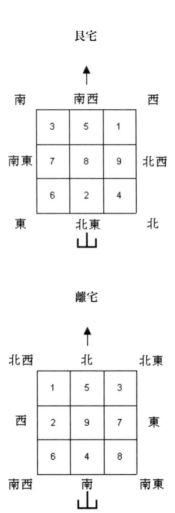

艮宅

南	南西 ↑	西
3	5	1

南東 7 | 8 | 9 北西

| 6 | 2 | 4 |

東 北東 北
山

離宅

北西	北 ↑	北東
1	5	3

西 2 | 9 | 7 東

| 6 | 4 | 8 |

南西 南 南東
山

二番目の数字 ── 年数字（アニュアルナンバー）

前述のとおり、この本で説明している玄空システムでは二つの数字を扱います。宅卦に加えて、年の数字です。年数字は、早見表（158ページ）を参考にするとよいでしょう。中国の暦では常に2月4日が新年の始まりであることを忘れずにおいてください。もし1993年1月15日に家の鑑定をする場合には、早見表より1992年の年である年数字8となります。

年の数字は上昇順であり、宮（グリッド）に飛箔する順番は次の頁を参照してください。

例6−3：
1992年　−　年数字8

<table>
<tr><td>南東</td><td>南</td><td>南西</td></tr>
<tr><td>7</td><td>3</td><td>5</td></tr>
<tr><td>6</td><td>8</td><td>1</td></tr>
<tr><td>2</td><td>4</td><td>9</td></tr>
<tr><td>北東</td><td>北</td><td>北西</td></tr>
</table>

東　（左）　西　（右）

8が中宮に配する
9が北西に配する
1が西に配する
2が北東に配する
3が南に配する
4が北に配する
5が南西に配する
6が東に配する
7が南東に配する

例6−4：

1994年　−　年数字6

	南東	南	南西
東	5	1	3
	4	6	8	西
	9	2	7
	北東	北	北西

6が中宮に配する
7が北西に配する
8が西に配する
9が北東に配する
1が南に配する
2が北に配する
3が南西に配する
4が東に配する
5が南東に配する

年数字一覧表

西暦	年数字	西暦	年数字	西暦	年数字
1961	3	1991	9	2021	6
1962	2	1992	8	2022	5
1963	1	1993	7	2023	4
1964	9	1994	6	2024	3
1965	8	1995	5	2025	2
1966	7	1996	4	2026	1
1967	6	1997	3	2027	9
1968	5	1998	2	2028	8
1969	4	1999	1	2029	7
1970	3	2000	9	2030	6
1971	2	2001	8	2031	5
1972	1	2002	7	2032	4
1973	9	2003	6	2033	3
1974	8	2004	5	2034	2
1975	7	2005	4	2035	1
1976	6	2006	3	2036	9
1977	5	2007	2	2037	8
1978	4	2008	1	2038	7
1979	3	2009	9	2039	6
1980	2	2010	8	2040	5
1981	1	2011	7	2041	4
1982	9	2012	6	2042	3
1983	8	2013	5	2043	2
1984	7	2014	4	2044	1
1985	6	2015	3	2045	9
1986	5	2016	2	2046	8
1987	4	2017	1	2047	7
1988	3	2018	9	2048	6
1989	2	2019	8	2049	5
1990	1	2020	7	2050	4

立春（2月4日）が年の始まり

二つの数字の組み合わせ

二つの数字とは、宅卦と年数字です。各宮に二つの数字を飛箔しますので、混乱を避けるために宅卦か年数字、どちらから先に振っていくのか、左右のどちらに書くのかを決めます。わかりやすいように宅卦と年数字を別々の色で書くのも区別分けの良い方法です。

例6−5：
坎宅、1993年の鑑定

宅卦の数字＝1（中宮、左側、明朝体）
年数字　　＝7（中宮、右側、イタリック体）

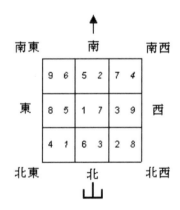

分析方法

建物の各々の宮の吉凶を決める際、二つの数字の五行相関関係や数字が持つ意味が分析の決め手になります。

各数字の意味は、以下のようになります。

<u>数字</u>
　1：名声、富
　2：痛み、病気、流産
　3：ゴシップ、口論、訴訟
　4：学術成就、著述、読書、創作
　5：火事、病気、痛み、災難、障害
　6：富、権威、権力
　7：強盗、牢獄、火事、出血
　8：名声、富
　9：伴う数字を促進する

　1，4，6，8は吉数字
　2，3，5，7は凶数字
　9は一緒にある数字を強める

特別な数字の組合せ

吉数字の組合せ

1・4—　勉学、試験、著述、名声、昇進に吉

1・6—　金運、仕事運に吉

1・8—　金運、仕事運に吉

6・8—　金運、名声に吉

凶数字の組合せ

2・3—　ケンカ、訴訟、病気

2・5—　事故、死亡

3・7—　泥棒、強盗に遭い易い

1・2—　離婚、別居

どちらともいえない数字の組合せ

6・7—　金運に吉、銃や金属による怪我

レメディ（改善法）

数字の組合せは相剋サイクルよりも相生サイクルがベストです。相剋関係の場合、何のレメディ（改善法）が必要であるか実践を兼ねて学ぶことが大切です。分析の多くは、数字の性質と意味によります（前頁を参照）。例えば、2と6の数字の組合せは2（土）が6（金）を生じる相生関係になります。6（金）は2（土）に強められていることから、6を表す富、権力、権威が強められていることに通じます。しかし数字2は病気、痛み、流産を意味し、6より優勢の立場です。この二つの数字を適応することで、風水鑑定はより正確に分析することができます。

例6−6：

離宅、1994 年の鑑定

宅卦数字＝9（中宮、左側、明朝体）
年の数字＝6（中宮、右側、イタリック体）

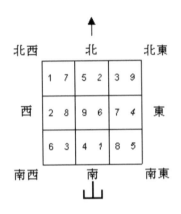

分析
1)　　東—7・4
　　　7（金）が4（木）を剋している
　　　この数字の組合せは、住人が太腿また臀部の怪我や病気にな
　　　りやすい傾向にあることを示しています。これは4（巽）が
　　　持つ身体に匹敵します。

2)　北―5・2

　　2（土）と5（土）の組合せ

　　風水ではこの数字の組合せは最悪であると考えます。この数字が玄関また寝室に配されていたら、使用しないようにします。この二つの数字は同じ五行（土）で相剋関係ではありませんが、意味は病気と事故を表します。金は土を弱めるので、金が必要です。金（真鍮や金属）の振り子でメタリックな音を出す柱時計などが、適切なレメディ（改善法）となります。但し、風鈴の使用は避けてください。風鈴は家の中では使用しません。

3)　南―4・1

　　1（水）は4（木）を生じる

　　この組合せは著述、創作や名声に大変良いエネルギーです。数字4は、文筆や想像力に吉であり、数字1により更に促進されます。これは水が木の成長を助ける理由からです。

風水は、生活や仕事の場をより快適にするばかりでなく、子供を望む夫婦や異性との出会いを希望する独身者の夢を叶えることができます。

下記の表は、宅卦と年数字の組合せ分析表になります。これらは建物の入り口（玄関）、寝室そしてホームオフィスなどに適応できます。

宅卦	年数字	分析
1	1	学業成就、芸術創作に吉。金運吉。血液・耳・腎臓に関わる病気。アルコールによる事故。
1	2	配偶者とのトラブル。病気や流産になりやすい。交通事故に巻き込まれる。
1	3	ゴシップによる問題、訴訟、投獄・監禁、災害。
1	4	著述、名声吉。（女性の）男性運吉。
1	5	病気、食中毒、事故による怪我などが引き起こされやすい。
1	6	仕事運吉（昇進や昇給が期待できる）。金運吉。偏頭痛になりやすい。
1	7	金運吉。仕事での競争あり。ナイフによる怪我。出血しやすい。
1	8	金運吉、仕事運吉（昇進や昇給が期待できる）。兄弟やビジネスパートナー間での誤解が生じやすい。
1	9	仕事・金運に吉。目の問題。

宅卦	年数字	分析
2	1	配偶者とのトラブル。病気になりやすい。流産や交通事故の可能性。
2	2	軍、警察、機械関係の仕事に吉。病気になりやすく、特に消化器系には注意。事故による怪我。
2	3	ゴシップ、訴訟、事故などの問題。病気になりやすい。特に女性に良くない。
2	4	学力向上や執筆に良い。(男性の) 女性運吉。腹部の病気。
2	5	最も良くない組合せ。休止して動かない状態。重い病気や事故に遭いやすい。
2	6	権力や権威に吉。腹部の病気。
2	7	仕事場上で競争あり。出血。ナイフによる怪我。病気になりやすい。
2	8	不動産やお金に吉。病気になりやすい。
2	9	リサーチや開発関係の仕事には不向き。子供部屋には良くない。

宅卦	年数字	分析
3	1	ゴシップ、訴訟、投獄などのトラブルが生じやすい。
3	2	ゴシップ、訴訟、投獄などのトラブルが生じやすい。交通事故に巻き込まれやすい。特に女性は病気になりやすい。
3	3	争い、ケンカ、不調和、訴訟に巻き込まれやすい。泥棒に入られやすい。
3	4	著述、学業成就、創作に吉。不倫が起こりやすい。
3	5	若い男性に好ましくない。肝臓や足の病気になりやすい。病気になりやすい。
3	6	金運吉。若い男性に好ましくない。足に関わる病気になりやすい。
3	7	ケンカや争いを起こしやすい。泥棒に入られやすい。ナイフまたは金属による怪我が生じやすい。
3	8	金運吉。子供に良くない。手足の事故に注意。
3	9	泥棒に入られやすい。訴訟、ケンカ、争いによるトラブル。火事が起こりやすい。

宅卦	年数字	分析
4	1	学業成就、芸術的創作、名声に吉。(女性の)男性運吉。不倫の可能性。
4	2	著述に吉。(男性の) 女性運吉。不倫の可能性。腹部の病気。
4	3	著述や創作に吉。不倫の可能性。
4	4	著述・創作の大吉。異性に惹きつけられる可能性大。
4	5	創作に良くない。病気になりやすく、特に皮膚病にかかりやすい。
4	6	金運吉。著述や創作には好ましくない。妊娠中の女性は注意。太腿・臀部の病気になりやすい。
4	7	書類上の不注意から論争・訴訟が起こりやすい。妊娠中の女性は注意。太腿・臀部の病気にかかりやすい。
4	8	著述・金運に吉。子供には好ましくない。手足の怪我に注意。
4	9	著述・創作に吉。火事に注意。

宅卦	年数字	分析
5	1	病気、食中毒、事故などの問題が起こりやすい。
5	2	最も良くない組合せ。休止して動かない状態。重い病気や事故に遭いやすい。死につながることもあり。
5	3	若者に好ましくない。肝臓や足には注意。
5	4	創作性に欠ける。病気にかかりやすく、特に皮膚病に注意。
5	5	最も良くない組合せ。重い病気や事故に遭いやすい。
5	6	金運は良くない。病気になりやすい。骨や頭部に関わる病気に注意。
5	7	議論を起こしやすい。病気になりやすい。口に関係ある病気。
5	8	金運は良くない。子供に良くない。手足の怪我に注意。
5	9	ギャンブルや株には良くない。目の病気に注意。火事が起こりやすい。

宅卦	年数字	分析
6	1	金運・仕事運とも吉。偏頭痛に注意。
6	2	権力・権威に吉。腹部に関わる病気。
6	3	金運吉。若者には好ましくない。足の怪我。
6	4	金運吉。著述、創作には不向き。妊娠中の女性は注意。太腿・臀部の病気。
6	5	金運は良くない。病気にかかり易い。頭部に関する病気。
6	6	金運は吉。金属による怪我に注意。
6	7	仕事上で競争あり。議論やケンカ中、金属による怪我が起こりやすい。
6	8	金運吉。感情的になりやすい。孤独に陥りやすい。
6	9	金運吉。年長者と議論になりやすい。頭部に関する病気。

宅卦	年数字	分析
7	1	金運吉。仕事上での競争あり。出血しやすい。金属による怪我。
7	2	仕事上で競争あり。出血しやすい。金属による怪我。
7	3	ケンカや議論による問題。泥棒が入りやすい。金属による怪我。
7	4	書類上の不注意から問題が起こりやすい。太腿・臀部の病気に注意。妊娠中の女性には好ましくない。
7	5	議論やケンカによるトラブル。病気になりやすい。口に関係する病気に注意。
7	6	競争的な仕事に吉。議論やケンカで、金属による怪我が起こりやすい。
7	7	競争によってお金が得られる。若い女性やエンターティメントビジネスには吉。出血に注意。
7	8	競争によってお金が得られる。若い男女に好ましい。セックスに溺れやすい。
7	9	仕事上の昇進や権力に吉。ケンカや議論によるトラブル。火事が起こりやすい。

宅卦	年数字	分析
8	1	金運・仕事運に吉。兄弟姉妹やビジネスパートナー間での議論が起こりやすい。
8	2	不動産や金運に吉。病気になりやすい。
8	3	金運に吉。子供には好ましくない。手足の怪我に注意。
8	4	著述や創作に吉。金運吉。子供に良くない。手足の怪我に注意。
8	5	金運は良くない。子供に良くない。手足の怪我に注意。
8	6	金運吉。感情的になりやすい。孤独。
8	7	競争によってお金が得られる。若い男女に好ましい。セックスに溺れやすい。
8	8	不動産やお金に大吉。特に不動産購入に吉。最高に良い組合せ。
8	9	金運やお祝い事に吉。若者と年長者の間で口論が起こりやすい。

宅卦	年数字	分析
9	1	キャリアや金運に吉。目に関する病気。
9	2	リサーチや開発の仕事には不向き。子供部屋には好ましくない。
9	3	泥棒や訴訟が起きやすい。火事に注意。
9	4	著述や創作に吉。火事に注意。
9	5	ギャンブルや株の投機には良くない。目の病気や火による事故が起こりやすい。
9	6	金運吉。年長者との議論やケンカになりやすい。頭部に関する病気。
9	7	仕事運や権力に吉。口論や火事に注意。
9	8	金運やお祝い事に吉。若者と年長者間での口論が起こりやすい。
9	9	(この組合せは経験ある風水師による詳細分析が必要)

環　境

話題

第七章

生活環境

前章では、家や建物が住人にどのように影響を及ぼすのか、広い範疇で説明しました。しかし、家や建物を取り巻く環境を見落してはいけません。ここでいう環境とは、敷地の大きさや形、標高、建物や庭を含む周辺の景観とのデザインなどを含みます。

中国の有名な諺に「地霊人傑」という言葉があり、これは土地柄が優れていればそこに住む人も優れているという意味です。良い環境や土地は、私たちの人格、態度、健康までも向上させ、生活のあらゆる局面に影響を及ぼすことを説いています。

下の図は、好ましい環境の基本を表しています。

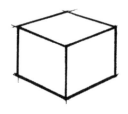 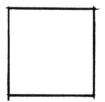

図 7－1

最も好ましい家や建物そして敷地の形は、正方形または長方形です。望ましい形の建物に良い氣が流れ、本命卦と宅卦が一致し、好ましい方位に玄関があり、インテリアもよくマッチされたデザインであれば、これは風水上最高の家といえるでしょう。

図7-2

家の側面の長さが同じでも、広い間口（向）で奥行きに従い狭くなっ
ている場合は、財を保持することは難しいと考えます。このような家
の住人は感情に問題があり、好ましい家とはいえません。

図7-3

広い座と向を持つ家で持ち主の本命卦と宅卦が同じであれば、財を保
持できる吉の家といえるでしょう。

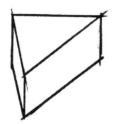

図7−4

三角の形の家、建物、そして土地は凶と考えられます。

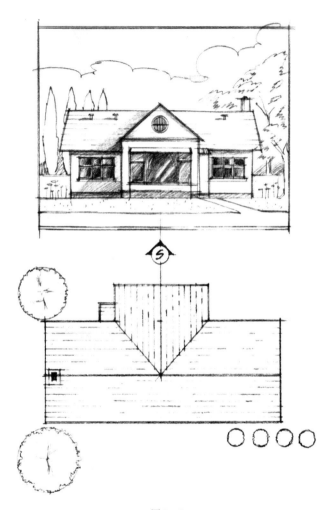

図7−5

南が突き出した家や建物のことを「亀頭午」といい、家の持ち主が頻繁に移り変わることで知られています。

図 7−6

　二本の道路に挟まれた家の住人は、睡眠障害であるか、もしくは精神
に問題を抱えている可能性があります。

図7-7

道路が玄関を指している場合、風水の深い知識がある人以外には薦められません。このような家に住む人は何ごとにも極端になりがちです。莫大な富を稼ぐか、次から次へと災害に見舞われる可能性があります。

図 7−8

玄関に沿って一方通行の道路があり、家から離れる場合、健康に適していないと考えられています。

図7−9

Y字路に建つ家の住人は、事故や泥棒に遭いやすく、仕事運は良くありません。

図 7 - 10

Y 字路に建ち、玄関が道路に面している家は貧困になりやすく、住人の生産性を下げる傾向にあります。

図 7−11

カーブの内側に建つ家で、向が道路に面している家は富、健康、昇進
などが期待できます。

図 7 − 12

勾配の屋根がある家は、その家と面している他の家に悪い影響を与えます。特に屋根が玄関を指している場合は最悪です。この悪い影響を殺といい、年数字 2 か 5 が玄関に配された年に災難が降りかかる可能性があります。昔はコインと一緒に繋がれた剣をレメディ（改善法）として使用していました。屋根が乾（北西）を指している場合には頭痛が起き、離（南）であれば目、坎（北）であれば腎臓に問題を引き起こします。

図7−13

玄関が南に面し、教会や電線など鋭くとがった屋根のある高層ビルが見える家は好ましくありません。このような環境殺のある家では、火事が起こりやすくなります。(南方尖頭多回禄)

図 7-14

図 7-11 との違いは、玄関が刀の刃を表すカーブに面している点です。これも好ましい環境ではありません。このような家では貧困、病気、災難などが降りかかります。

図7−15

フリーウェイや首都高速などと同じ高さ（また下のレベル）の階に住むことは避けるようにしてください。これは刀の刃の部分が自分に向かっていると同じことです。このような環境殺では、家族間での別離などの災難を引き起こします。

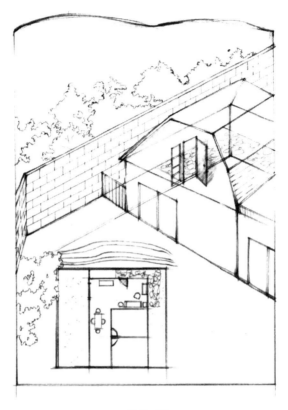

図7−16

家よりも高い塀もしくは同じ高さの塀に囲まれた家は避けるように
します。この家の住人は悲観論者になりやすく金運もよくありません。
この家の住人が人間関係でどうにもならない状況に陥っている場合、
住人の誰かが投獄される可能性があります。

図7−17

ゴミ捨て場に隣接している家はなるべく避けるようにします。これは
環境殺であり、不衛生です。

図 7−18

墓場や火葬場に近隣している家は、住人が悲観的になりやすい傾向が
あります。但し修道女、僧侶また修道士などは例外です。

環境　その2

住む土地によって、私たちは様々な影響を受けています。身体のバランスを崩し、性格が変わってしまうこともあるでしょう。事実、好ましくない環境や家に住んでいると、このような状況に陥ることは少なくありません。

経験ある風水師は正確に家の分析を行うことができますが、分析の結果に食い違いが見られることがしばしばあります。これは、家が建っている土地に問題があると考えてよいでしょう。

家を建てる時、下記の土地は避けるべきです。この環境殺とは；

A) 埋葬地

以前、墓地であった土地に建てられる家は、陰の氣が強すぎると考えられ、住人は不快を感じるでしょう。住んでいる土地が埋葬地であったという事実を知ってしまうと、住人は精神的な問題に直面することもあります。

B) 屠殺場または処刑地

残虐な暴力行為や処刑などが多く行われた場所には、通常浮ばれない霊が集まっています。このような土地に建つ家は、どんなに風水で改善しようとも好ましい土地ではありません。

C) ゴミ捨て場

ゴミ廃棄用の埋め立て地は不潔です。衛生学上、このような土地はどなたにもお勧めできません。ある期間、このような環境で暮らすと病気になりやすく不健康です。良い陽の家とは、まず清潔で健康的な環境であることです。このような家では、良い氣が保たれます。

質問と答え

釋迦

第 八 章

質問と答え

本研究所のクラスで、よく生徒達から尋ねられる質問とその答えをいくつか紹介します。

1) **本命卦、東西命の宅卦のどちらが重要ですか？**

   東西命理論では本命卦、宅卦とも等しく重要視します。

2) **風水では玄関前の木は、どのように判断するのですか？**

   近接している木や柱、玄関をブロックしているのは良い風水とはいえません。玄関は氣の入り口として、機能していなければなりません。

3) **道路が直接、家の玄関を指しているケースは影響を受けると聞いていますが、本当ですか？**

   道路が玄関に向かっているのは好ましくありません。その影響は極端です。

4) **玄空では、私の寝室には1と9が配されています。この場合、木の家具を置くことが相剋関係のレメディ（改善法）になりますか？**

   数字1は水を表し、9は火を表します。水が火を剋している相剋関係にあるので、レメディ（改善法）が必要です。この場合のレメディ（改善法）は木ですが、木の家具は死んだ木で効果がありません。この場合、生き生きとした葉の茂った植物などが相応しいでしょう。植物の代わりに色の緑を使用することもできます。

5) 家の悪い氣を跳ね返すのに、レメディ（改善法）として鏡を利用している人を見かけます。これは効果がありますか？

レメディ（改善法）として使用するのは五行です。鏡は五行の何物にも属しません。鏡は光を反射させますが、氣を反射させることはできません。中国では昔、よく磨かれた真鍮が像を映す道具として利用されていました。この真鍮でできた鏡が五行の金として、風水で利用されていたのです。八角形の形をした八卦鏡は、風水では何の意味ももちません。

6) 風鈴は風水で使われるのですか？

もし風鈴が金属（真鍮など）でできていれば、金のレメディ（改善法）として、土と水の相剋関係や2などの凶の数字がある場合に使用します。しかし的確なアドバイスなしに風鈴を使用すると、問題を引き起こす原因になりかねません。

7) 五行のレメディ（改善法）として、五行を使うように習いましたが、火のレメディとは何がいいのですか？

寝室にいつも火を置いておくことはできないのですが。

赤色の電気の笠、赤色ランプなどが火のレメディ（改善法）として考えられます。冬に使用する電気ヒーターも、火の代わりになります。

8) 羅盤の代わりに西洋のコンパスを使ってもいいですか？

正しい測定ができる西洋のコンパスであれば、羅盤の代用品として使用できます。

9) 風水と仏教は何か関連があるのですか？

　風水はどの宗教とも関係がありません。風水の原則や理論は、易経を基にしています。

10) 住んでいる家から引越する方が良いことはありますか？

　殆どありません。レメディ（改善法）を施すことで、問題の多くは改善されます。玄関が凶数字、または家の環境が最悪でレメディ（改善法）を施せない場合のみ、引越を勧めています。

11) 私と妻は東西命が別々です。風水は私たちの結婚生活の問題を解決してくれますか？

　風水は私たちが住む環境の氣を鑑別し、どう取り扱うか手助けする生活術です。私たちが持つ可能性を最大限に生かし、逆境などの問題を最小限にします。風水は快適な生活を過す為の自然科学であり、占いではありません。実際、風水は様々な方法でカップルの結婚生活を助けることができます。最適な方位とか、快適な寝室や人間関係に良い家を選ぶことなどです。

12) 水のレメディ（改善法）をより効果的にするために、水槽に金魚を入れたいと考えているのですが、何匹がいいですか？

　金と木の相剋関係の場合、水がレメディとして必要になります。水は浄化していて流れていれば問題はありません。金魚は単に水槽を美しく見せるだけです。

13) 風水は住居しか適応できないのですか？

　風水は個人の住居だけでなく住んでいる街、国、そして世界のエネルギーを分析する上でも使えます。私達の生活が更に良くなっていくための最適な方位を知るのにも役立ちます。

14）中国伝統風水は何の流派に属するのでしょうか？

　風水を教える流派は、東西命と玄空システムに分けることが
できます。実際はこの二つの流派は一つです。

15）私は二階建てのタウンハウス（テラスハウス）に住んで
います。どのように風水が適応されるのですか？

　二階建てでも一階建ての家と同じ座向と玄空システムを使
います。もし二世帯住宅で、一階と二階が行き来できない場
合は座向や家のエネルギーが異なることもあります。

おわりに

1990 年代から風水を学び、既に 20 数年経ちました。
もともと ERP（企業統合管理システム）コンサルタントとして、アメリカの企業で物流管理システムを開発していました。
日本からドイツへ行き、その後、転勤でアメリカへと住む国は違えど、2019 年まで IT 業界に身を置いていました。

クライアントからの業務依頼を受け、ゼロからシステムを作り上げる仕事は面白く満足していましたが、IT 業界は日進月歩の世界、新しい技術は次から次へと変化します。
日々進歩している膨大な情報をアップデートしなければならず、歳を経るごとに頭がついていきません。

一生続ける仕事ではないと思ったので、生涯続けられることを捜し始め、そんな時に巡り合ったのが風水でした。
日本にいた当時、風水のことを聞いたことはありましたが、興味はわかず、本も買ったこともありません。

それがロスアンジェルスにあるアメリカ風水研究所で初めて風水を学んだ時、考え方がシステム分析と似通っていて、ロジカルで面白く、すっかりはまってしまいました。
何よりも学んだ知識で自宅のエネルギーを計算し、適切なレメディ（改善）をすると、10 日ほどで結果がでてびっくりしました。

初めてのクライアントさんは、子供のいない結婚生活 15 年目のカップルでした。
奥さんはお医者様から妊娠は難しいと匙を投げられ、子供を諦めていたご夫婦でしたが、風水鑑定後 1 ヶ月半で懐妊、かわいい女の子を授かったのです。
その子は既に 18 歳、妊娠したと聞いたときには鳥肌が立ったほど、風水の効果に驚きました。

風水は建物のエネルギーを数値化し、家の傾向や特質などが理論で説明でき、かつ正しくレメディすれば、必ず効果がでます。
こんな素晴らしい学問を一人でも多くの人に知ってほしいと思い、アメリカだけでなく日本でも教え始め、これまでの受講生は延 1 万人以上、鑑定数も 500 件近くになりました。

IT と異なり、風水や中国占術は歳を取るほど、経験や実践が生きてきます。
なによりも受講生の方が学んだ知識で結果をだされているのが、私にとって一番嬉しいことです。

本書はオンライン風水講座で教える教本として使われているので、風水を全く知らない初心者にとっては、少し難しく感じるかもしれません。
また、内容は基礎理論をメインに説明しているので、実際に自宅を鑑定するには応用まで進まなければなりません。

しかし、本格的な中国伝統風水というものがどういうものなのか、基礎理論と概略は本書でも学んでいただくことができます。

私は風水を学び、人生の流れが変化しました。
紫微斗数（しびとすう）占星術も学んでいるので、今後の人生がどのような流れになるのか予測できます。
子供の頃引っ込み思案だった私でしたが、紫微チャートの事業宮には形而上学的なことを教え、それらを広めていくことがしっかりと出ていました。
自分が進む道を見つけることができ、いまは自分らしく生きているのが実感できます。
風水は自分を見つける旅の序章だったのかもしれません。

風水は眉唾でもまがいものではありません。
龍の置物や水晶など開運グッズを買う必要もありません。
招財財布もいりません。
家にあるモノで代用できます。

正しく家やオフィスの方位を測定し、適切なレメディをすることで建物のエネルギーは変わります。
3年で20億円アップした私のクライアントさんがいますが、多くの受講生が結果を出しています。
数十万円から最高では5千万円の仕事を得た生徒さんがいますが、最近では4億円という結果をだされた受講生もいます。

風水は理論さえ覚えれば、誰にでも風水鑑定ができます。
隔月に開講している2か月で学ぶ中国伝統風水講座で、一通りに内容が学べます。
風水だけでなく、紫微斗数占星術、択日、人相手相など様々な中国占術の講座もありますので、是非興味にある方は下記サイトをチェックしてください。

本書が皆さんの開運に役立てれば、幸甚です。

2023年3月吉日
清水瑛紀子（Akiko Bibi Shimizu）

風水168（いろは）
HP：https://windandwater168.com/
Youtube：風水168チャネル
Instagram：https://www.instagram.com/shimizu.akiko/
Facebook（風水168）：https://www.facebook.com/ww168consulting

風水の教科書

——中国伝統風水を学ぶ——

2023年4月18日　第1刷発行
2024年11月26日　第3刷発行

著　者	ラリー・サング (Larry Sang)
訳　者	清　水　瑛紀子
発行者	梶　原　純　司
発行所	ぱるす出版 株式会社

東京都文京区本郷2-25-14　第1ライトビル508　〒113-0033
電話 (03)5577-6201　FAX (03)5577-6202
http://www.pulse-p.co.jp
E-mail　info@pulse-p.co.jp

本文デザイン　オフィスキュー／表紙カバーデザイン　㈱WADE

印刷・製本　株式会社 平河工業社

ISBN 978-4-8276-0270-8　C2077